Abismos do Vício

Paulo Sérgio Teixeira Diniz
pelo Espírito Clara

Abismos do Vício

Aliança

Agradecimentos

Nossa gratidão à minha filha, escritora Simone Pinto Diniz, pela sua contribuição.

Ao escritor Roberto de Carvalho, pela grande contribuição.

E especialmente á Clara nossa mentora e sua equipe espiritual que nos confiou esta obra.

1ª edição, Abril/2016, do 1º ao 5º milheiro.

TÍTULO
Abismos do Vício

AUTOR
Paulo Sérgio Texeira Diniz / Clara

REVISÃO
Antônio Roberto de Carvalho

DIAGRAMAÇÃO
Ariane Haas Franco

CAPA
Ariane Haas Franco

IMPRESSÃO
Rettec Artes Gráficas e Editora Ltda.

FICHA CATALOGRÁFICA

Dados Internacionais de Catalogação na Publicação (CIP)
(Câmara Brasileira do Livro, SP, Brasil)

Clara (Espírito)
Abismos do vício / pelo espírito Clara;
[psicografado] Paulo Sérgio Teixeira Diniz. --
São Paulo : Editora Aliança, 2016.

ISBN 978-85-8364-033-2

1.Espiritismo 2. Psicografia 3. Romance espírita
I. Diniz, Paulo Sérgio Teixeira. II. Título

16-02172 CDD-133.9

ÍNDICE PARA CATÁLOGO SISTEMÁTICO

1. Romance espírita: Espiritismo 133.9

EDITORA ALIANÇA
Rua Major Diogo, 511 - Bela Vista - São Paulo - SP
CEP 01324-001 | Tel.:(11) 2105-2600
www.editoraalianca.com.br | editora@editoraalianca.com.br

Sumário

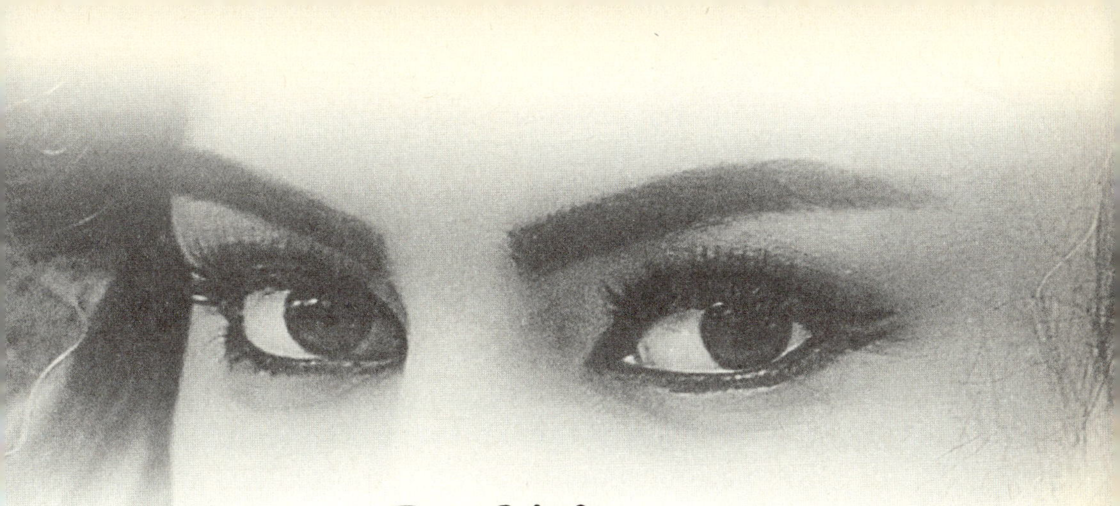

Prefácio

Considerada a praga do milênio, a dependência de substâncias tóxicas tem destruído a vida de muita gente, principalmente da população mais jovem, provocando inumeráveis tragédias e muito sofrimento, tanto para o dependente quanto para seus familiares.

Iniciada normalmente pela busca de um prazer ilusório e ardiloso, a dependência química se torna uma doença incurável que, após se estabelecer no organismo do indivíduo, passa a controlar suas vontades, destituindo-o do poder de decisão e afetando drasticamente a sua saúde física e mental.

Essa enfermidade até pode ser tratada e controlada, mas o dependente químico nunca estará totalmente curado. Além de o tratamento exigir um esforço sobre-humano – que poucos têm disposição para enfrentar –, o risco de uma recaída será um eterno fantasma a atormentar o viciado e seus familiares.

E no plano espiritual? Qual é o papel representado pelas drogas entre os desencarnados? Neste romance o Espírito Clara, por intermédio da escrita mediúnica de Paulo Sérgio, mostra-nos que os tormentos experimentados por aqueles que se envolvem com drogas no plano terreno prosseguem naquela esfera, ampliados pelo resultado desastroso de seus atos.

Após o desencarne, traficantes, distribuidores, aliciadores e dependentes são atraídos para os submundos trevosos das inóspitas regiões umbralinas e ali sofrem as consequências de suas escolhas até que, subjugados pela dor e pelo desespero, façam-se merecedores da misericórdia divina, sendo resgatados e preparados para novas experiências na carne. Essas reencarnações serão marcadas por profundas deformações perispirituais e a inclinação para o vício será, para o reencarnante, um desafio constante.

Que possamos nós, por intermédio da experiência dos personagens dessa trama, nos conscientizar da responsabilidade que nos cabe como usufrutuários do corpo que o Criador nos empresta; ferramenta destinada à nossa progressão moral e espiritual, a fim de nos tornarmos merecedores das bênçãos celestiais.

Que possamos ainda nos espelhar no exemplo dos que venceram suas fraquezas morais e desempenharam papéis relevantes na narrativa, e evitar repetir a conduta daqueles que, fracos e imprevidentes, deixaram-se levar pela traiçoeira sedução e acabaram se despencando nos abismos do vício.

Que Jesus nos ampare e fortaleça em nossa caminhada!

Roberto de Carvalho

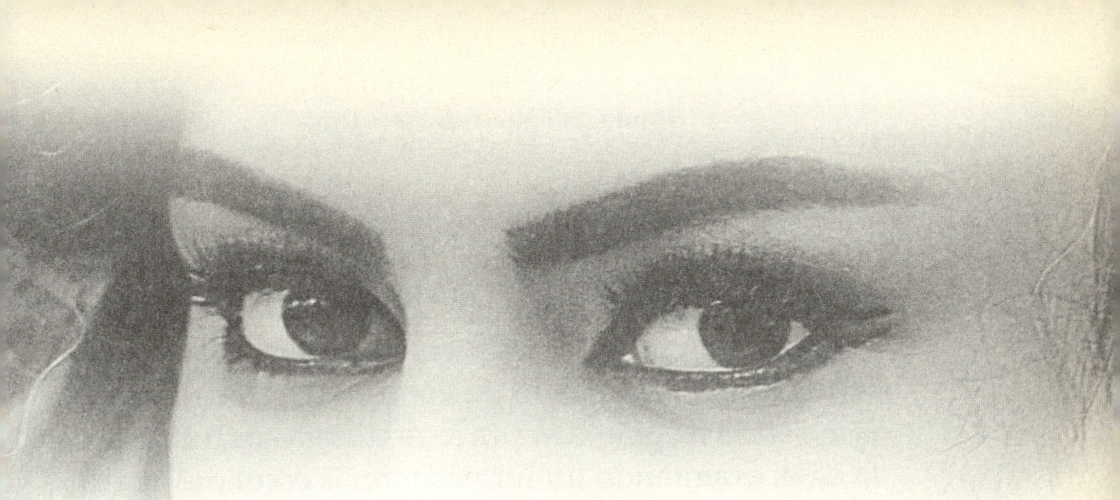

1. A família

A casa de d. Marta era pequena, mas tudo era mantido com muito capricho, desde a cozinha onde as louças e as panelas brilhavam demonstrando rigorosos hábitos de higiene, até os quartos e a sala, onde os móveis simples, mas de bom gosto, decoravam a casa.

D. Marta era viúva já há algum tempo, seu marido morrera vítima de uma bala perdida numa troca de tiros entre o comando do tráfico e a polícia, na comunidade onde viviam. A família gozava de bom conceito entre os vizinhos, destacado pelos valores morais transmitidos pela mãe aos filhos: Gisele, moça de dezessete anos, e os irmãos João Pedro, o mais velho com vinte e dois, Estevão, com dezenove e Junior, o mais novo, com doze anos.

D. Marta trabalhava fazendo faxina em casas e apartamentos do bairro próximo, para moradores de classe média alta. João Pedro deixara os estudos antes mesmo de concluir o segundo grau, devido à necessidade de ajudar no orçamento familiar. Havia se tornado arrimo da família desde a morte de seu pai. O rapaz trabalhava em uma marcenaria, executando trabalho de auxiliar nas entregas e montagem de móveis nas casas dos clientes.

Estevão era cobrador de ônibus de uma empresa que fazia linha em diversos bairros da região. Gisele estudava em um colégio da comunidade. A menina, na ausência da mãe, sempre se dedicava aos trabalhos da casa, orientando Junior nas tarefas escolares, além de fazer o almoço, sempre com sobra para o jantar.

Essa era a rotina daquela família que, apesar de não passar grandes dificuldades, não tinha recursos para atividades que exigissem maior disponibilidade financeira, como lazer e principalmente uma viagem no período de férias.

Apesar das limitações, não faltavam recursos para que no domingo a refeição fosse um pouco melhor, quando se reuniam num clima de amor e harmonia. Apenas Estevão, vez por outra, não participava do banquete familiar, quando era escalado para trabalhar durante o fim de semana.

Às quartas-feiras, d. Marta chegava um pouco mais cedo do trabalho para ir às reuniões na Casa Espírita onde era colaboradora, mas sempre evitava as tarefas no domingo para não prejudicar o convívio com os filhos. Normalmente os jovens saíam nos fins de semana, quando desenvolviam atividades sociais e recreativas, tinham seus amigos e frequentavam as festinhas tão comuns naquela comunidade.

João Pedro sempre procurava Denise, com quem namorava desde a adolescência e às vezes levava a moça para almoçar em sua casa, no domingo, onde ela era muito bem recebida, o que fazia com que já se sentisse quase da família. Dona Marta, principalmente, tratava a nora com muito carinho.

Gisele tinha seus amigos, apenas Estevão não frequentava muito assiduamente as turmas e as festas da comunidade, procurando ficar mais em casa em companhia da mãe e do irmão mais novo.

***

Os tempos se passaram e d. Marta, percebendo que os hábitos da filha estavam mudando, procurou-a para uma conversa:

— Gisele, o que está acontecendo com você, minha filha? Vejo que não está se dedicando aos estudos como de costume, as notas não são as mesmas, os afazeres da casa e os cuidados com seu irmão também mudaram. Você está com algum problema? Sou sua mãe e quero participar da sua vida, ajudá-la, caso precise.

— Calma, mãezinha! Não tem nada de errado comigo. Você sabe que se tivesse acontecendo alguma coisa eu lhe falaria, como sempre fiz. Fique tranquila, não sabe que uma moça é igual à lua e que tem suas fases?

Gisele fizera a brincadeira para passar uma impressão de tranquilidade à mãe, mesmo porque não queria interferências em seus problemas pessoais.

D. Marta não acreditou na conversa, mas sentiu que não era hora de insistir no assunto. Seu coração de mãe lhe dizia existir alguma coisa que a filha não queria lhe contar, mas resolveu intensificar as observações e confiar que, no momento oportuno, ela lhe diria o que estava acontecendo.

Foi se deitar com o coração apertado, o que lhe impediu de pegar no sono. Durante algumas horas, rolou de um lado para o outro na cama, relembrando os fatos e tentando achar uma explicação para as atitudes da filha, até que adormeceu. Estava cansada pelo trabalho duro realizado durante o dia.

O tempo foi passando e Gisele se tornava cada vez mais arredia. Quando perguntada sobre alguma coisa que não condizia com a conduta normal, arranjava sempre um argumento, uma desculpa que não justificava a atitude, e se mostrava nervosa, chegando a ser rude com a mãe, sempre carinhosa.

Certa tarde, quando d. Marta chegou do trabalho, percebeu que a filha não fora à escola. Chamou Gisele e perguntou:

— Filha, por que você não foi assistir às aulas? O que houve?

— Não houve nada - respondeu a moça em tom áspero. — Não fui porque hoje não teria nenhuma matéria importante.

Saiu rapidamente da sala, entrou em seu quarto e fechou a porta.

— Essa menina está me escondendo alguma coisa - disse a mãe para si mesma.

Mas não queria insistir, talvez por um medo inconsciente de descobrir a verdade. Não sabia se estava preparada para enfrentar uma situação que mudaria completamente a sua vida e que poderia interferir na vida dos outros filhos.

Pensando no que poderia estar acontecendo, trancou-se em seu quarto e fez uma prece angustiada, pedindo à Maria Santíssima e aos Espíritos de Luz proteção e coragem para enfrentar uma situação que a cada dia se tornava mais evidente.

Após a prece, lágrimas lhe correram abundantes pelo rosto já marcado pelos sofrimentos. Chorou e sentiu uma dor profunda, como se seu coração tivesse sido esmagado. Naquele instante, teve a certeza de que alguma coisa estava para acontecer com sua família, mas não se revoltou, apenas se limitou a pedir forças para enfrentar o que fosse necessário.

Havia sentido a presença de uma entidade de Luz que estava sempre ao seu lado, amparando-a desde que perdera o companheiro de forma trágica. Não conseguia ver, mas sentia a presença daquele ser com tamanha nitidez, que não teve nenhuma dúvida de sua presença. E orou:

— Meu protetor e guia, agradeço pela presença amiga e consoladora, e peço-lhe que não me deixe sozinha, desamparada para enfrentar uma situação para a qual não estou preparada. Proteja também a minha filha, porque ela precisa ainda mais do que eu do seu auxílio e proteção. Entrego Gisele aos seus cuidados, suplicando que não deixe que nada lhe aconteça. Sei que cada um de nós, apesar do nosso livre-arbítrio, precisa cumprir seu planejamento encarnatório, mas peço a Deus que tenha misericórdia de minha filha...

Quando a mãe, aflita, terminou sua prece, foi sentindo um estado de torpor. Foi se tornando sonolenta e uma luz iluminou o quarto até então na penumbra. Em seus pensamentos tudo havia ficado mais claro. Em seguida, teve uma visão da filha acompanhada por seres grotescos que a incentivavam a aceitar o que lhe era oferecido por moças e rapazes, todos acompanhados daqueles seres animalescos que se saciavam das energias grosseiras emanadas pelo grupo de jovens que se deixava influenciar, partilhando do estado de euforia, envolvidos por imagens irreais, num delírio frenético.

Após alguns instantes, viu aqueles seres abandonarem os jovens, deixando-os extenuados, escornados no chão como se saíssem de uma batalha que lhes exaurisse as forças.

D. Marta se encontrava atônita diante do que acabava de sentir; não sabia coordenar as ideias nem encontrava forças para evitar aquelas sensações. De repente, sentiu que os amigos espirituais lhe ajudavam a se sentar na cama, enquanto lhe aplicavam passes revigorantes, mas um sono incontrolável a fez dormir profundamente, proporcionando um estado de reparação das energias.

Ela só acordou no dia seguinte, quando o relógio despertou anunciando o horário do início do trabalho. Levantou-se em seguida e quando voltou a pensar na situação que teria de enfrentar, sentiu uma pontada no peito, desejou a morte a ter que encarar o problema que se delineava à sua frente. Em seguida, pegou o telefone quase mecanicamente e fez uma ligação:

— Alô! É a d. Roberta que está falando?

— Sim, quem é?

— Sou eu, Marta, bom dia!

— Bom dia, d. Marta, o que foi? Aconteceu alguma coisa?

— Não d. Roberta, é que ocorreu um imprevisto e não poderei fazer a limpeza hoje, mas no sábado vou para a sua casa executar o serviço, para que a senhora não fique prejudicada.

— Não tem problemas, d. Marta. Se precisar da minha ajuda para resolver seu problema, pode contar comigo.

Ouvindo aquelas palavras, a faxineira sentiu a voz embargada, quase a impedindo de responder. Sabia que a amiga nada poderia fazer para ajudá-la naquele momento e que teria de enfrentar tudo sozinha.

Por fim, falou:

— Não d. Roberta, fique tranquila. Eu vou resolver a situação e no sábado estarei aí.

— Tudo bem, d. Marta, então fique com Deus!

— Obrigada!

D. Marta desligou, tentando se recompor. Precisava organizar as ideias, mas uma coisa estava decidida: lutaria com todas as forças para livrar Gisele das amarras do vício. Queria dividir seu problema com alguém, mas não via ninguém com quem pudesse compartilhar, mesmo porque temia falar sobre a experiência espiritual que tivera na noite anterior, pela maneira como as pessoas de seu círculo de amizade encaravam o espiritismo. No mínimo, seria vista como louca. Precisava falar com alguém da Casa Espírita; lá seria entendida, mas a reunião ocorreria somente na quarta-feira da semana seguinte.

Como se estivesse sendo guiada por uma entidade superior, tomou a decisão de ir à escola falar com a diretora. Talvez ela soubesse de alguma coisa e pudesse orientá-la. Vestiu-se rapidamente e saiu, sem deixar que a filha percebesse o que iria fazer. Gisele certamente pensaria que a mãe teria ido para o trabalho, como de costume.

***

Quando chegou à escola, d. Marta se apresentou ao porteiro como a mãe de uma aluna que queria falar com a diretora sobre o desempenho escolar da filha.

— Sim, senhora. Aguarde, que vou me informar se a diretora poderá lhe receber agora - respondeu o porteiro.

— Obrigada, estarei esperando.

O porteiro voltou após alguns minutos, pedindo que d. Marta informasse o nome da aluna e o período que cursava. A mulher deu as informações, conforme a solicitação da diretora. O porteiro retornou.

Enquanto esperava, ocorreu-lhe um pensamento e o coração acelerou os batimentos. Se a diretora dissesse que iria atendê-la naquela hora, seria bom porque teria uma informação concreta e talvez pudesse respirar aliviada, mas também isso seria um sinal de que a situação era grave, o que a fazia temer a verdade. Se não houvesse nada de grave, talvez a diretora pedisse para ela voltar outra hora.

Os minutos de espera pela volta do porteiro pareciam uma eternidade, seu coração continuava descontrolado e as mãos suavam frio.

— Pode entrar, senhora! A diretora pediu que a esperasse na terceira sala do corredor. - disse o porteiro, ao retornar.

D. Marta entrou na escola e, enquanto percorria o pátio que dava acesso ao corredor, observava o comportamento de alunos e alunas que aguardavam uma aula de Educação Física. Ela não estava acostumada com aquele linguajar, nem com os modos desrespeitosos como os colegas se tratavam. De vez em quando, um palavrão a escandalizava. Principalmente quando partiam das alunas, que não se davam ao respeito com elas próprias, nem com uma senhora cuja idade era muito superior à faixa etária delas.

Isso fez com que a ansiedade aumentasse ainda mais e d. Marta caminhou quase mecanicamente em direção à sala onde a diretora a receberia. Era uma sala simples, mobiliada apenas com uma mesinha e três cadeiras, além de um banco de madeira colocado lateralmente à mesa. Ela entrou e sentou-se no banco, esperando pela diretora. Passados alguns minutos, entrou uma mulher morena, de meia-idade, com um sorriso simpático e agradável.

— Bom dia, senhora! - disse a diretora.

— Bom dia! Meu nome é Marta, muito prazer.

— O prazer é meu. Chamo-me Rita.

Dizendo essas palavras, Rita sentou-se na cadeira atrás da mesa e convidou d. Marta para ocupar a que ficava à sua frente. Houve um breve silêncio, suficiente para que a diretora escolhesse as palavras para iniciar a conversa.

— Enfim, o que lhe traz aqui, d. Marta? Vejo que está um tanto preocupada...

— Como sabe, a minha filha Gisele estuda neste colégio há algum tempo. No princípio, era uma menina estudiosa, além de dedicada também aos afazeres da casa, carinhosa comigo e com os irmãos... Entretanto, de uns tempos para cá, venho notando uma mudança no comportamento dela, o que tem me preocupado muito. Gostaria que a senhora me dissesse como está o comportamento dela aqui na escola, bem como o seu rendimento escolar.

— D. Marta, a Gisele é uma garota de bons princípios morais, o que demonstra que a senhora soube muito bem transmitir esses valores a ela. Entretanto, o jovem é inseguro quando solicitado isoladamente, mas quando se encontra em grupo se torna corajoso e desafia os mais sólidos ensinamentos, passando a confiar mais no grupo de amigos do que nos professores e nos pais. Ele se torna dependente do grupo e teme ser rejeitado pelos colegas quando quebra regras que o próprio grupo estabelece. Assim, passa a assumir o comportamento ditado pelos colegas. Nessa fase, a necessidade de afirmação é grande e ele passa a contestar os pais, a escola e a própria sociedade, assumindo valores e atitudes reacionárias em que a hierarquia é estabelecida pelo grau de contestação em que o indivíduo se coloca. Com sua filha não está sendo diferente. Infelizmente, de uns tempos para cá, ela passou a conviver com um grupo que vem dificultando nosso trabalho aqui na escola.

A essa altura da conversa, a mãe, aflita, tinha dificuldade para conter a emoção. Seus lábios tremiam, a face se tornou pálida e as mãos suavam intensamente. Foi quando questionou a diretora:

— D. Rita, ela está envolvida com drogas?

Aquela pergunta repentina pôs fim aos rodeios que a diretora fazia, tentando preparar a amorosa mãe para a notícia de que sua filha provavelmente estava envolvida com drogas. Por fim, respondeu:

— D. Marta, não posso afirmar com certeza, mas todas as evidências levam a essa conclusão.

A mulher se manteve paralisada por alguns instantes, como se estivesse processando em sua mente aquela informação. Em seguida falou, entre soluços:

— O que eu faço, d. Rita? Diga-me como devo agir. Faço tudo que for possível para tirar minha filha desse caminho, não foi isso que imaginei para ela. Ela me traiu, pois sempre falei com ela sobre drogas, que elas são o início da degradação do ser humano, e Gisele me prometeu se manter afastada delas. Disse que eu poderia ficar despreocupada, que ela me amava muito e nunca me daria esse desgosto. Diga-me, onde eu errei na educação de minha filha? Sempre quis o melhor para ela, sempre a tratei com todo carinho... Mas eu errei, eu sei que errei.

— Calma, d. Marta! Nem tudo está perdido. Vamos atuar juntas e certamente iremos conseguir. Deus estará conosco.

— Acha que devo tirá-la da escola? Assim ela fica sob a minha vigilância constante...

— Infelizmente, as drogas estão em todos os lugares. Não será possível resolver pela força o que não conseguir pelo diálogo e pelo amor. Aqui dentro da escola isto não acontece, porque estamos vigilantes; o problema é lá fora, embora as consequências se reflitam aqui dentro. Vá para casa e converse com sua filha, dê-lhe amor e carinho, porque só por meio do amor e da compreensão poderemos conseguir alguma coisa. Venha outras vezes aqui, assim ficará sabendo sobre o comportamento dela.

D. Marta saiu da escola sentindo-se anestesiada; andava pela rua como se estivesse sendo guiada por algo que não conhecia, sem conseguir organizar os pensamentos. Chegou em casa um pouco melhor. A caminhada havia lhe feito bem, pois as ideias estavam mais claras. Animada, disse para si mesma:

— Agora é um bom momento para conversar com Gisele, porque o Junior deve ter saído para a escola.

Ao se aproximar mais da residência, ouviu um som alto. Quando entrou, o barulho da música era ensurdecedor, até os vidros das janelas tremiam. Imaginou o que os vizinhos estariam pensando. Entrou e, quando a moça a viu, gritou espantada:

— Mãe?! O que aconteceu? Passou mal no serviço?

— Abaixe esse som, Gisele. Desse jeito não tem como conversar.

D. Marta percebeu que alguém estava com sua filha, mas saíra pelos fundos, não dando tempo para ver quem era. Gisele desligou o aparelho de som e a vontade da mãe era lhe dar uma surra, como nunca tinha feito em toda a sua vida. Mas a custo se controlou, pois não poderia colocar tudo a perder.

— Fale, mãe, não é à toa que deixou o trabalho tão cedo.

A moça colocava as palavras de forma dissimulada, procurando transparecer preocupação com a genitora, o que aumentou ainda mais a indignação de d. Marta.

— Gisele, sente-se aí no sofá. Quero ter uma conversa com você.

— É bom mesmo, você está me assustando.

— Hoje pela manhã não fui trabalhar, fui à escola onde você e o Junior estudam.

A moça empalideceu, já imaginava o que havia acontecido, mas permaneceu em silêncio até mesmo para pensar em alguma coisa para falar em sua defesa.

— Falei com d. Rita e ela me contou o que está acontecendo com você.

— O que ela disse?

— Ela me falou de seu mau comportamento. Disse que você não tem frequentado as aulas com assiduidade e que quando comparece é para se encontrar com uma turma "barra pesada" que vem prejudicando o bom desempenho da escola, causando muitos problemas para a direção.

— É mentira, mãe!

— Como é mentira, se suas notas ultimamente são as piores possíveis e seu comportamento vem mudando dia após dia?

— Mãezinha, aquela mulher é uma cobra! Não contei isso para não lhe preocupar, mas ela, de uns tempos para cá, vem me perseguindo constantemente.

A esta altura, a moça falava e chorava a ponto de quase convencer a mãe de que tudo não passava de perseguição contra ela. E continuou:

— Ela está me perseguindo a ponto de eu não encontrar ânimo para ir à escola. Você disse que meu comportamento mudou e realmente mudou, mas é porque não sei mais o que faço diante dessa situação. Não queria levar essa preocupação para você, que trabalha tanto e tem muitas outras coisas com que se preocupar. Eu te amo mãezinha! Queria preservá-la de mais esse problema, queria enfrentar sozinha, mas não estou aguentando, não consigo esconder. Mãezinha, fique tranquila! Eu sempre lhe disse que não faria nada para vê-la triste...

Diante da expressão de Gisele, d. Marta sentiu uma grande esperança de que tudo não passasse de especulação. A filha estaria passando por constrangimentos, caso estivesse sendo perseguida pela diretora. E, se Rita houvesse mentido, tratava-se de uma pessoa extremamente má.

A mãe se encontrava diante de uma dúvida enorme, seu coração pedia para acreditar na filha, porque mesmo se ela estivesse envolvida com drogas, um ato de crédito poderia afastá-la pelo amor e reconhecimento materno. D. Marta ainda acreditava nos valores que havia lhe passado e tinha esperanças de que ela poderia voltar a ser a filha amorosa que sempre fora.

***

Passaram-se os tempos, d. Marta sempre procurava conversar com Gisele e não notava nada estranho no comportamento dela. Decidiu não tocar no assunto nem com os filhos nem na Casa Espírita, mas fazia preces agradecendo pela mudança de comportamento da jovem.

Ao mesmo tempo em que se alegrava com a filha, passou a odiar a diretora da escola, convencida de que se tratava de uma caluniadora. Por via das dúvidas, não descuidou de investigar Gisele, sempre revistando sua bolsa e suas gavetas, tomando o cuidado de deixar tudo como estava antes, para que ela não desconfiasse das investigações.

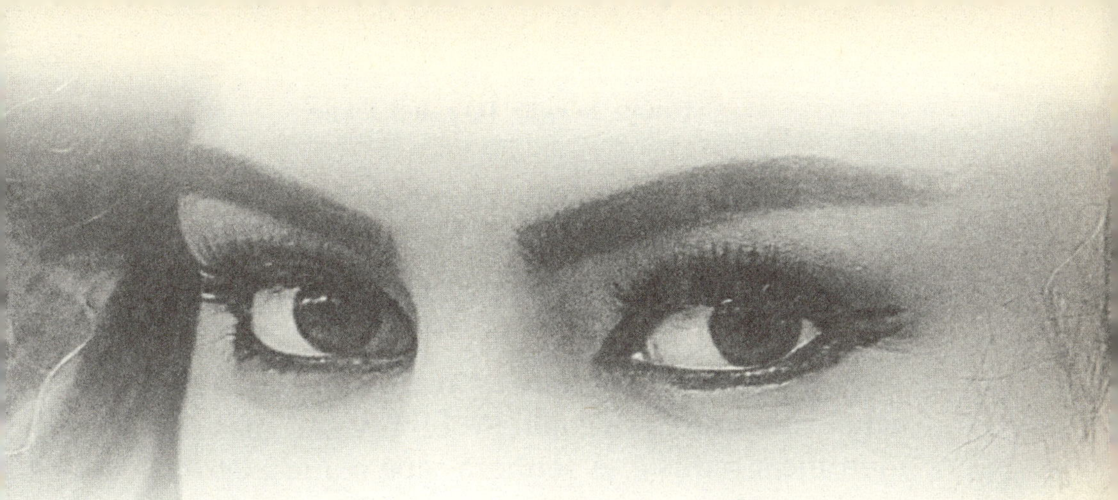

2. A descoberta de d. Marta

Em certa tarde, Gisele entrou para o banho e, como se demorava muito no banheiro, a mãe percebeu que teria um bom tempo para revistar sua bolsa. Abriu-a e despejou o que havia nela em cima da cama. Tudo se encontrava em desordem, produtos de beleza e demais utensílios foram caindo na cama. D. Marta imaginou que havia tirado tudo, mas resolveu sacudir a bolsa, quando caiu do fundo um pacote amarrado com um barbante e, dentro dele, um pó branco que ela desconhecia. Guardou tudo novamente e escondeu o pacote em sua gaveta.

O coração da pobre mãe batia descompassado, ofegante; temeu desmaiar, mas a custo se manteve de pé. Quando a garota terminou o banho, arrumou-se e disse:

— Mãe, eu vou sair.

— Aonde você vai, minha filha? Não se demore.

— Pode deixar, mãe, não demoro.

Logo que Gisele saiu, d. Marta, que a princípio não queria que ninguém soubesse do que se passava em sua casa, não aguentou e foi até a casa de uma vizinha que tinha um filho usuário de drogas.

— D. Inês, quando estava vindo do trabalho, achei isto junto à calçada. Resolvi pegar, mas não sei identificar o que é. A senhora sabe o que é isto?

A mulher pegou o embrulho, abriu, levou-o ao nariz e respondeu:

— É cocaína! Coloque isto no lugar que achou, porque quem mexe com isso não pensa duas vezes antes de matar por causa dessa porcaria.

Diante do estado descontrolado de d. Marta, a mulher percebeu sua aflição, mas a mãe de Gisele fingiu que era medo de alguém tê-la visto apanhando o pacote e lhe fazer algum mal, a fim de reaver a droga.

— Vou colocar isso no lugar que achei, agora mesmo. Tenho medo dessa gente.

Havia mentido porque queria sair logo da casa da vizinha, pois sabia que se demorasse mais, ela iria descobrir a mentira e a origem do pacote. Voltou para casa aos prantos. Já não tinha como esconder dos filhos o que estava acontecendo.

— João Pedro e Estevão venham aqui no meu quarto e fechem a porta. Tenho um assunto muito importante para resolver. Deixem que eu converse com o Junior depois.

Os rapazes entraram um tanto assustados. Pela entonação de voz da mãe, percebia-se que ela estava chorando.

— Meus filhos, descobri uma coisa muito grave sobre a irmã de vocês. Gisele está usando drogas.

Os irmãos ficaram calados, sem saber o que responder. Após alguns instantes, João Pedro tomou a palavra:

— Mãe, eu já desconfiava disso há algum tempo, mas queria preservá-la enquanto fosse possível. Agora não tem mais jeito; quando ela chegar, vou lhe dar uma surra.

— Não, João Pedro, pelo amor de Deus! Não faça isso porque só vai piorar as coisas.

— O que a senhora pensa em fazer?

— Não sei, meu filho, ainda não sei.

Estevão se manteve calado, mas também sofria com a situação. Aos poucos, a mulher foi acalmando o filho até convencê-lo a traçarem um plano.

— Vamos interná-la em uma casa de recuperação. Ela já completou dezoito anos e pode ser internada. Conheço algumas e já tive notícia de pessoas que se recuperaram.

— Não sei, filho, temos que pensar mais e nos aconselhar com pessoas que têm mais experiência nesse caso.

Já eram mais de 23 horas. D. Marta, a custo, convenceu os filhos a irem dormir, principalmente para impedir que João Pedro agredisse a irmã.

Quando Gisele saiu, fora em direção ao local onde haveria uma pequena festa, na parte de cima da comunidade. Lá, Robson já esperava a encomenda que havia pedido para ela comprar de um traficante conhecido da moça e que fora entregue a ela no colégio. Tudo havia acontecido como o combinado, Gisele pegou o pacote e pagou com o dinheiro que Robson havia lhe dado para esse fim. Aquela droga seria para abastecer os frequentadores da festa, o que faria com que Robson conseguisse um bom lucro.

Quando Gisele chegou, o traficante já a esperava em um barracão próximo ao local da festa.

— Você demorou. Trouxe o bagulho?[1] – perguntou o traficante já impaciente.

E, antes que a menina respondesse, completou:

— Anda logo, passe para o Bode.

Bode era o apelido de um dos rapazes que faziam a segurança, acompanhado de três outros fortemente armados com fuzis e metralhadoras.

Nos pontos estratégicos da parte alta da comunidade ficavam outros membros do grupo, igualmente armados, para atacarem, caso a polícia chegasse ou os membros de uma gang rival que disputava os pontos de venda na comunidade.

Gisele entrou, abriu a bolsa sobre a mesa, tirou todos os produtos de beleza que estavam em cima do pacote, enfiou a mão e não encontrou nada. Ficou desesperada.

— Cadê o bagulho, vagabunda? Você está escondendo a mercadoria? Vamos, entregue logo.

— Eu fui roubada, mas não me desgrudei dessa bolsa, depois que guardei a mercadoria...

---

[1] *Droga*

— Vagabunda! Vai querer apanhar para passar a mercadoria?

— Eu juro que estava aqui, mas, acredite, eu fui roubada.

— Ela deve ter escondido na roupa - sugeriu um dos comparsas.

— Eu juro que não - respondeu Gisele, apavorada.

— Bode, dê uns agrados nessa vagabunda que a mercadoria aparece.

— É pra já chefe.

O rapaz, forte e musculoso, segurou Gisele com a mão esquerda e com a direita deu-lhe um tapa tão forte no rosto que a fez tontear e a vista escurecer. Em seguida, empurrou-a, fazendo com que ela caísse com o rosto no piso de cimento grosso do barraco, provocando escoriações em sua face tão linda e bem cuidada. A moça não ousou se levantar, pois sabia que se levantasse apanharia novamente.

— Tirem a roupa dela para ver se ela não escondeu a mercadoria dentro da roupa - gritou Robson.

Gisele novamente jurou que havia sido roubada e que não estava escondendo nada. Mesmo assim, eles a agarraram e tiraram sua roupa, deixando-a quase nua. Nada foi encontrado.

Naquele instante, Robson gritou com os outros rapazes:

— Saiam. Me deixem com ela... Já sei como vai me pagar.

O chefe tinha diante de si uma moça de corpo escultural que havia mexido com o seu desejo.

Empurrou-a para um sofá velho e mal cheiroso e usou seu corpo como quis. Gisele apenas chorava, lembrando-se do namorado, gostava dele e nunca tinha conhecido outro homem; sentia vergonha e nojo de si mesma. Por fim, Robson jogou as roupas para que a moça se vestisse.

— Se vista e suma daqui, mas volte para me pagar o que me deve, porque ninguém engana o Robson desse jeito. Se não pagar, eu saberei como cobrar; mando apagar você e sua família.

Gisele saiu dali e correu como louca em direção à casa da mãe, enquanto pensava em onde havia deixado a bolsa, após guardar a mercadoria. Não se lembrava de tê-la abandonado em nenhum momento. Em seguida, lembrou-se de que havia deixado em cima da cama, enquanto tomava banho. Já estava desconfiada de que a mãe andava mexendo em suas coisas, afinal d. Marta continuava suspeitando de seu envolvimento com drogas, apesar da cena que havia feito para enganá-la.

— Vou procurar a minha mãe e exigir que me devolva o pacote. Só assim poderei pagar minha dívida - disse para si mesma, com decisão.

D. Marta não conseguia dormir, pensando num modo de tirar a filha daquele mundo de dependência química. Olhava o relógio o tempo todo e nada da filha chegar. Quando estava próximo das duas horas, ela ouviu o barulho da chave girando na fechadura. Gisele entrou sem se preocupar com o barulho que fazia. O coração da mãe se acelerou; pensou em fingir que dormia para não ter que encarar a moça naquela hora.

Mas Gisele entrou e foi direto ao quarto da mãe, após esbarrar nos móveis pelo caminho. Abriu a porta de forma ríspida. D. Marta se levantou, a moça empurrou a mãe e foi dizendo:

— Você mexeu nas minhas coisas, não é? Com que direito invade minha privacidade desse jeito?

Acendendo a luz, a mãe, ao ver a filha se assustou com a aparência daquela moça linda que encantava a todos. Ela estava desfigurada, com um dos olhos arroxeados e algumas escoriações pela face.

— Que foi isso, minha filha? - questionou d. Marta, com voz aflita.

— Está satisfeita agora? Olhe o que você me fez! Eu ia levar aquela encomenda para um amigo, no morro, revirei toda a bolsa e não encontrei. Ele me bateu, achando que eu havia escondido a droga. Tudo culpa sua!

Dizendo isso, foi empurrando a mãe contra a parede. Nesse instante, João Pedro entrou no quarto e, quando viu a cena, deu um tapa no rosto da irmã. Gisele caiu e ao se levantar investiu sobre o irmão para agredi-lo, momento em que João Pedro voltou a agredi-la, fazendo-a cair novamente.

Sem dizer nada, Gisele se levantou, pegou a bolsa e saiu batendo a porta. D. Marta correu atrás da filha, tentando alcançá-la.

— Filha, pelo amor de Deus, volte! Aonde você vai, Gisele? Volte! Eu te imploro...

Gisele corria como louca, até que virou a esquina e sumiu. D. Marta caiu no chão em prantos e foi amparada por João Pedro e Estevão.

– Vamos para dentro, mãe. Deixe que ela se vire. Amanhã tomaremos as providências.

– Como posso entrar, sabendo que minha filha está abandonada na rua? João Pedro, Estevão, vão atrás dela e tragam minha filha de volta, pelo amor de Deus!

– Calma, mãe, Gisele é esperta, tem suas amigas que certamente lhe acolherão esta noite.

– Então, eu mesma vou atrás dela.

– Não vai, mãe. Você não sabe nem onde procurá-la a essa hora.

Os irmãos pegaram a genitora em prantos e a conduziram para o interior da casa. Nesse instante, notaram que ela delirava e falava coisas desconexas. Alguns vizinhos haviam acordado com os gritos de desespero de d. Marta e prestaram ajuda. Uma vizinha mais próxima ofereceu um calmante que João Pedro aceitou e fez com que a mãe tomasse. Só assim conseguiu que ela se acalmasse e dormisse.

***

Gisele procurou uma amiga do colégio, que fazia parte da turma das drogas. Ao chegar à casa de Cíntia, pulou a grade externa, como já havia feito em outras ocasiões, e bateu na janela do quarto da moça.

– Cíntia...

Chamou num sussurro, mas ninguém respondeu. Voltou a bater levemente na janela.

— Sou eu, Gisele!

Cíntia acordou, mas o medo a impedia de abrir a janela, mesmo tendo reconhecido a voz da amiga.

— Que foi, Gisele? Você está sozinha?

— Sim. Não tenha medo de abrir.

Mesmo assim, Cíntia abriu apenas uma fresta da janela para se certificar de que a amiga não estava mentindo. Quando viu que ela estava só, respondeu baixinho:

— Anda, pula aqui sem fazer barulho, porque se meu pai acordar, não deixará você entrar.

Gisele pulou a janela enquanto a outra acendia a luz. Quando Cíntia viu a aparência da amiga, perguntou abismada:

— O que foi, Gisele? Você foi assaltada? Por que está toda machucada?

— Não, não dá para explicar agora. Preciso que você me arranje um lugar para dormir, mas antes preciso tomar um banho.

Cíntia fechou a janela, apagou a luz para não chamar a atenção e acompanhou a amiga até o banheiro, tomando o cuidado de só acender a lâmpada após fechar a porta.

— Agora me conta tudo que aconteceu com você.

Gisele contou tudo, até mesmo da agressão sexual praticada por Robson. Confiou na amiga, porque, de certa forma, tinham o mesmo problema.

— Tome minha toalha e vista esta roupa, amanhã veremos o que fazer.

Após o banho, a moça vestiu as roupas da amiga e dividiram a mesma cama. Deitaram, mas não conseguiram dormir logo. Conversaram por um longo tempo, até que Cíntia falou:

— Pela manhã, quando acordarmos, eu vou me levantar, mas você fique quieta na cama até meu pai sair para o trabalho, porque se ele te vê aqui, vai sobrar para mim.

Adormeceram somente quando o dia já estava amanhecendo. Conforme combinado, esperaram o homem sair e Cíntia foi chamar a amiga. Falou para a mãe que Gisele havia brigado com o irmão, por ter ido a uma festa, e que saíra de casa por esse motivo.

Depois de tomar café da manhã na casa da amiga, Gisele resolveu que voltaria em casa para pegar suas roupas. Precisava esperar que os irmãos saíssem para o trabalho, pois não queria encontrá-los.

Ligou para a mãe apenas para se certificar de que ela não estava em casa, pois naquele horário d. Marta normalmente estaria no trabalho. Mas se surpreendeu quando a mãe atendeu ao telefone, ela não havia saído naquele dia, esperando notícias da filha.

Então Gisele combinou de ir buscar suas coisas, mas sabia que d. Marta iria tentar convencê-la a não sair de casa. Sabia também que não tinha onde morar nem como se sustentar. No fundo, estava torcendo para que a mãe a retivesse no lar. Então, ela faria nova cena, colocaria dificuldades para se valorizar, mas acabaria aceitando como se, com isso, estivesse fazendo um favor para a genitora.

Ao chegar em casa, d. Marta a aguardava ansiosa.

— Minha filha, quanta aflição! Ainda bem que você voltou... Fiquei tão desesperada...

— Pois é, mãe. Você se precipitou ao achar aquilo na minha bolsa e deduzir que era para o meu consumo, mas eu só iria levá-lo para uma pessoa, na festa. Como poderia usar tudo aquilo? Você não confiou em mim e causou essa situação. Mas eu entendo. Vou provar que não sou usuária de drogas, você vai ver.

Ao dizer isso, Gisele estava mesmo decidida a deixar as drogas. Achou que poderia viver sem elas. Levaria uma vida normal e ganharia novamente a confiança da família com o passar do tempo. Ambas se abraçaram e choraram muito. D. Marta sentiu que seu amor pela filha havia aumentado ainda mais. Afinal, o amor dos pais não é maior ao que mais merece, mas àquele que mais precisa.

— Mãe, tem uma coisa muito importante para lhe dizer. Sabe a pessoa para quem eu ia levar aquele pacote?

— Sim, o que tem?

— Quando cheguei sem o pacote, ele me bateu e disse que se eu não lhe pagasse, iria mandar matar a mim e à minha família. Ele é o chefe do tráfico lá no alto da comunidade e é muito poderoso. Você tem que me devolver aquele pacote, para que eu o entregue a ele.

— Mas como vou saber que você não está me enganando, filha?

— Mãe, você pode ir comigo e verá que estou falando a verdade.

No fundo, Gisele queria que a mãe fosse junto com ela, porque estava com medo do Robson. D.

Marta ficou sem saída; se não entregasse a droga, corria o risco de o traficante cumprir a ameaça; por outro lado, não confiava na filha. Por fim, decidiu. Afinal, faria tudo pelos filhos e não queria vê-los correndo risco de vida. Combinaram que iriam as duas naquele mesmo dia para ficarem livres daquela ameaça que as apavorava.

Ao chegarem em frente ao barraco, avistaram os seguranças; eram os mesmos rapazes da noite anterior. Gisele disse que queria falar com o Robson. Um dos seguranças, dirigindo-se à moça, disse:

— É você de novo, sua vagabunda? Está querendo apanhar mais?

Robson foi chegando, vendo a mãe de Gisele, logo repreendeu o comparsa:

— Isto são modos de tratar as duas senhoras? Exijo respeito com as damas! Deixem-nas entrar, elas são bem-vindas em minha casa.

As duas mulheres entraram tremendo de medo, afinal aquele não era um tratamento usual ali no comando do tráfico. Mas d. Marta, movida por uma coragem que não sabia de onde vinha, tomou a iniciativa de entregar o pacote ao rapaz, tentando explicar o que ocorrera, mas Robson a interrompeu dizendo:

— Minha senhora, não precisa explicar, e não tema. Tenho o costume de tratar muito bem as minhas visitas. Sentem-se, por favor - disse, indicando o velho sofá.

— Querem tomar alguma coisa?

— Não, obrigada. - respondeu a mãe. — Já estamos de saída.

Gisele ficou o tempo todo em silêncio.

— Fico muito agradecido por terem o trabalho de vir trazer minha encomenda. Se precisarem de alguma coisa, me falem. Faço questão de ajudar.

As mulheres se despediram timidamente, saindo em seguida. Gisele se sentia mais aliviada, enquanto d. Marta pensava em quanta humilhação uma mãe pode passar por causa da fraqueza moral de um filho. Ela nunca imaginava que um dia iria até o comando do tráfico negociar com traficantes por um problema causado pela filha a quem dedicou tanto amor.

Seguindo o caminho de casa, nada conversavam. D. Marta se lembrava de Gisele ainda criança. Como era carinhosa, esperta, amorosa e graciosa. E agora, depois de tanta dedicação, ter que enfrentar uma "boca de fumo".

A moça estava em casa junto da mãe. Agora, com o propósito de deixar definitivamente as drogas, não iria mais ao colégio, iria interromper os estudos e trabalhar, inclusive para ajudar nas despesas da casa, pois sentia que se assim fizesse seria mais fácil reconquistar os irmãos. Temia principalmente João Pedro, que sempre fora austero e exercia grande influência sobre a mãe.

Ao fim do dia, d. Marta sugeriu à filha que se fechasse em seu quarto, pois queria preparar os irmãos para que recebessem bem a moça, que agora estava com propostas sérias de mudar de vida e se tornar mais responsável. João Pedro foi quem chegou primeiro. O rapaz estava triste e reflexivo, sempre pensando na irmã, mas principalmente na mãe, que era quem mais sofria diante daquela situação. Não sabia o que acontecera durante o dia e pensava que a irmã ainda não tivesse aparecido. Mas se surpreendeu, notando que d. Marta estava animada e com um olhar de esperança.

— Mãe, eu passei o dia todo preocupado. Percebo que você não foi trabalhar, mas está mais animada. Teve notícias da Gisele?

A mulher não fez rodeio, contou tudo que acontecera, inclusive a ida à boca de fumo, e acrescentou:

— Meu filho, nós nos precipitamos ao julgar sua irmã. Aquela droga não era para uso dela, mas para ser entregue ao traficante, para que ele distribuísse lá no alto da comunidade.

— Ora, mãe, você acredita nisso? Qual seria a razão para que Gisele se prestasse a esse trabalho, se não para ganhar uma comissão para sustentar seu próprio vício? Você é muito ingênua! Está fugindo da realidade e, agindo assim, estará no mínimo adiando um problema difícil de enfrentar. Eu não quero essa vagabunda mais aqui em casa. Ela se mete nessas coisas erradas e envolve a todos nós. Você já pensou se esse traficante lhe fizesse algum mal? Já pensou no quanto se expôs? Aliás, indo lá, você expôs a todos nós! Não sabe que o melhor é não se envolver com essa gente? Esse pessoal não faz nada de graça. Pode esperar que eles vão exigir alguma coisa em troca, por terem deixado vocês saírem de lá ilesas.

— Mas, meu filho, se não devolvêssemos o que era deles, aí sim, estaríamos correndo risco...

— Por que não mandou a própria Gisele entregar o que era deles? Afinal, foi ela quem criou o problema, ela que o resolvesse.

— Filho, eu tive culpa quando tirei o pacote na bolsa dela. Sem querer, causei o problema e não tinha certeza de que ela estava falando a verdade. Assim, pelo menos constatei que sua irmã não estava mentindo e merece um voto de confiança.

— Mãe, quem não usa drogas não anda acompanhando traficante. Veja o nosso caso, qual de nós, exceto Gisele, tem ligações com bandidos? Eu e o Estevão trabalhamos todos os dias, damos nossa contribuição no sustento da casa e você não nos dirige nem mesmo uma palavra de reconhecimento e carinho, enquanto acoberta tudo de errado que a Gisele faz. Não vou ajudar a tratar dessa vagabunda.

Nessa hora, d. Marta se lembrou da parábola do Filho Pródigo. Estava vivendo a mesma situação descrita por Jesus entre um pai que acolheu o filho que se perdera e retornou, e a revolta do filho que foi leal e que não entendeu a posição do pai. Sempre que se deparava com essa parábola, d. Marta também tinha dificuldade de entender a posição do pai, mas agora, vivendo a situação dentro de sua casa, pôde entender porque o pai da parábola agira daquela forma. Mas pensou que João Pedro voltaria atrás; ele possuía um bom coração e, dependendo da conduta da irmã, poderia aceitá-la novamente com o mesmo carinho de sempre.

A essas alturas, Estevão também havia chegado e passou a concordar com os argumentos do irmão. Agora eram os dois que pressionavam a mãe a não aceitar Gisele novamente em casa.

A mulher, com os olhos cheios de lágrimas, disse:

— Meus filhos, eu nunca vou abandonar a minha filha! Principalmente no momento em que ela mais precisa. Se ela sair daqui, eu saio junto.

D. Marta usou aquela chantagem sutil em que as mães são especialistas, conseguindo amaciar os corações dos dois filhos. Estevão, mais sentimental, propôs uma condição:

— Vamos analisar o comportamento da Gisele. Se ela mudar e passar também a trabalhar, contribuindo com as despesas da casa, vamos decidir que fique; caso contrário, sairemos nós. Você aceita, João Pedro?

O rapaz ficou um tempo pensativo e depois falou:

— Está bem, mas na próxima vez que ela aprontar, vai para a rua. Mãe, cadê a Gisele? Ela também tem que participar da conversa.

— Ela está no quarto.

— Então vá lá e traga-a aqui.

A desventurada mãe saiu esperançosa de ver os filhos se entenderem. Quando chegou com a moça, Gisele mantinha os olhos no chão, não tinha coragem de encarar os irmãos. E foi assim que ouviu as condições propostas para que permanecesse em casa. Terminada a fala dos irmãos, ela saiu da sala sem dizer nenhuma palavra e foi para o quarto, onde permaneceu até o dia seguinte. Junior era um garoto muito esperto. Apesar de não participar da conversa, ficou sabendo de tudo, entristecendo-se bastante com os acontecimentos.

No dia seguinte, todos saíram para o trabalho, como sempre faziam, enquanto Gisele reassumia as tarefas da casa, do almoço e as orientações nas tarefas do irmão. Naquele dia se mostrava mais carinhosa com Junior. Sentia que precisava conquistá-lo, para ter pelo menos o apoio dele.

Terminados os trabalhos da casa, a moça pensou em sair para procurar emprego, mas ao se olhar no espelho verificou que as marcas em seu rosto ainda estavam bem evidentes. Pensou que deveria se cuidar, não podia deixar que a vida desregrada acabasse com o dom da beleza que Deus lhe dera. Daquele jeito não tinha coragem de sair de casa, então entrou em seu quarto e começou a chorar sentidamente.

O tempo não passava. Ligou a TV, mas não encontrou nada interessante para assistir. Foi até o quarto da mãe e procurou um livro que preenchesse o tempo. O primeiro que encontrou foi *O Evangelho segundo o Espiritismo*. Pegou-o, folheou as primeiras páginas e deixou de lado, pois não entendeu nada. Folheou também *O Livro dos Espíritos* e mais uma vez não compreendeu a leitura. Por fim, encontrou um romance. Era uma leitura mais fácil; leu as primeiras páginas e percebeu que o tema central da história era sobre drogas. Imediatamente abandonou o livro. Retornou para o quarto e dormiu pelo resto da tarde.

Ao fim do dia, d. Marta chegou acompanhada de Junior a quem fora buscar no colégio. Procurou Gisele e, percebendo a tristeza em sua face e os olhos vermelhos de tanto chorar, estendeu-lhe os braços oferecendo-lhe um abraço confortador. Tudo o que queria naquele momento era proteger a sua filha tão querida.

3. As joias

Passaram-se os tempos e Gisele tentava se manter afastada das drogas, mas a cada dia ficava mais difícil. Em algumas noites, sonhava com o grupo de amigos se entregando ao ilusório prazer e às alucinações que as drogas lhe proporcionavam. D. Marta passou a levar a filha para ajudar nas faxinas. Assim terminava mais cedo e podia se dedicar aos afazeres da casa, após a jornada.

Num fim de semana, os amigos convidaram Gisele para uma festa na comunidade. A mãe, sempre apreensiva, tentou por todos os meios fazer com que ela não aceitasse o convite. Em outras vezes havia dado certo, mas agora a moça estava irredutível. Chegando a ser grosseira com a mãe. Arrumou-se com entusiasmo, exagerando na quantidade da maquiagem.

— Filha, desde que está decidida, vá. Mas não volte tarde. Eu fico tão preocupada... - implorou d. Marta.

Mas Gisele nem escutou o que a mãe lhe disse. Havia conseguido se manter afastada das drogas por três meses e pensou em se drogar naquela noite apenas para matar a vontade, depois voltaria a ficar mais um tempo em abstinência, até se libertar completamente do vício. Assim pensando, saiu sem responder às recomendações da mãe, limitando a se despedir com um "tchau!".

Chegando à festa, os amigos já estavam em estado de delírio. Gisele comprou uma quantidade que supôs suficiente para usar naquela noite e guardou o restante do dinheiro na bolsa. Deu uma cheirada e entrou na onda da turma; logo em seguida, outra dose. A partir daí não viu mais nada, tinha perdido até a noção do tempo. Havia saído no sábado à noite e durante quase todo o domingo o grupo se manteve unido, sem comer nada, apenas fazendo uso das drogas.

Quando d. Marta viu que a filha não chegava, subiu à comunidade procurando o local onde havia se realizado a festa, na noite anterior. Ao entrar, foi logo se deparando com aqueles jovens ainda drogados, escornados pelos cantos. Entre eles estava Gisele. D. Marta olhou para a filha que estava irreconhecível; a voz se arrastava, os olhos vermelhos como brasas, da boca escorria uma baba viscosa, as roupas desalinhadas no corpo seminu.

A pobre mãe pensou em deixar a filha ali. Como chegaria em casa com ela naquele estado? Mas não, não poderia abandoná-la. Pegou-a pelo braço, tentando conduzi-la para fora, mas a moça a empurrou com violência.D. Marta pensou em pedir ajuda, mas aquelas pessoas que estavam ali não ouviam suas súplicas, pois todos estavam precisando de ajuda. Enfim, pensou:

"Não tem jeito! Vou deixá-la aí até que passe o efeito da droga. Amanhã, certamente, retornará para casa."

A mulher saiu dali como se tivesse deixado um pedaço de si naquele lugar. Desceu as ruas como se estivesse sendo guiada por um ser que a amparava. Ao chegar em casa, os filhos já haviam deduzido o que ocorrera.

— Viu, mãe? Não falamos que essa vagabunda iria aprontar novamente? - disse João Pedro.

— Quando propus que ela ficasse aqui em casa, eu já sabia no que ia dar - reforçou Estevão.

— Mãe, nós temos que nos conformar com a decisão da Gisele. Ela optou pelo mundo das drogas. Ela tinha tudo: uma casa para morar, uma família, uma mãe carinhosa, mas não quis nada disso. Entre a família e as drogas, optou pelas drogas; ela fez sua escolha. Você não diz que todos nós temos nosso livre-arbítrio e que até Deus respeita as nossas escolhas? Então vamos respeitar a vontade dela, mas ela terá que assumir o ônus de sua escolha... Ninguém vive a vida de outra pessoa, cada um vive a sua. A escolha é dela, ninguém pode interferir. Não podemos nos envolver nos problemas dela, senão ela nos destruirá.

Apesar da dureza das palavras de João Pedro, d. Marta sentia que ele tinha razão e que, apesar de não transparecer, as palavras ditas em casa sobre os ensinamentos da Doutrina Espírita haviam encontrado acolhida no coração do rapaz. Mesmo assim, alimentava a esperança de que, quando Gisele retornasse, pudesse interná-la em uma clínica de recuperação e assim salvar sua filha. Mas teria de deixar que o tempo ajeitasse as coisas.

Na segunda-feira, pela manhã, D. Marta se preparava para ir ao trabalho, quando o telefone tocou.

— Meu Deus! Deve ser notícias de Gisele. Peço ao Senhor que a proteja e que não deixe nada acontecer à minha filha - orou.

— Alô!...

— É a d. Marta? - perguntou a pessoa do outro lado da linha.

— Sim. Quem está falando?

— Sou eu, Raquel.

— Bom dia, d. Raquel! O que foi? Esta precisando de mim?

— Sim, preciso da senhora urgente. Venha até aqui, agora.

— D. Raquel, é sobre a minha filha? Conte-me, por favor.

— Não podemos conversar por telefone. Venha para cá o mais rápido possível. Até já!

As pernas da mãe bambearam de aflição. O coração pulava dentro do peito e, sem mesmo acabar de se arrumar, dirigiu-se para a casa daquela senhora onde fazia limpeza semanalmente.

O ônibus parecia que demorava uma eternidade e a viagem também não se desenvolvia, parecia que naquele dia havia mais passageiros do que o normal. Chegando à casa de Raquel, d. Marta esperava encontrar a filha. Pensou que ela, com medo de enfrentar os irmãos, tivesse procurado a conhecida para acolhê-la naquele momento difícil. Ao entrar, notou o clima tenso na casa, mas não encontrou a filha.

— O que houve, d. Raquel?

— D. Marta, a senhora trabalha em nossa casa há muito tempo. Temos toda confiança na senhora, mas das últimas vezes em que esteve aqui, sua filha veio junto, não veio?

— Sim, é verdade.

— Vou lhe contar o que aconteceu. Nesse fim de semana, minha filha foi se arrumar para ir a uma festa, procurou pelas joias dela e não encontrou. Elas ficavam guardadas no quarto da minha filha. Aqui ninguém tem o costume de entrar naquele cômodo, somente a senhora e a Gisele entraram lá.

Era uma situação delicada que aquela mulher, já fragilizada pelos últimos acontecimentos, teria que enfrentar. Estava diante de uma acusação de furto, mas fazia sentido. Afinal, onde Gisele teria conseguido dinheiro para comprar drogas na quantidade que usou, na noite anterior?

— D. Marta, meu marido queria recorrer à polícia para reaver as joias da minha filha, mas, em consideração à senhora, pedi a ele para esperar. Se sua filha nos devolver o que pegou, podemos evitar um constrangimento maior para todos nós.

Essas palavras repercutiram como uma bomba. D. Marta estava esperançosa de reencontrar a filha e acabou recebendo a notícia de mais um problema causado por ela. Após alguns momentos que a deixaram petrificada, ela disse:

— D. Raquel, não tenho certeza de que foi a Gisele que pegou as joias da sua filha. Entretanto, pela confiança que tenho na senhora, adquirida de longo tempo de convivência, sei perfeitamente que não seria capaz de inventar uma história dessas.

E contou sobre o drama que enfrentava com Gisele, inclusive sobre o último episódio em que não sabia como a filha conseguira dinheiro para comprar a droga usada naquela festa. Todas as evidências levavam a pensar que fora ela mesma quem teria pegado as joias, e que devia tê-las vendido para conseguir o dinheiro.

— D. Marta, eu também tenho confiança na senhora, mas tudo indica mesmo que foi sua filha quem pegou as joias. O que acha que podemos fazer? Lembrando que não é justo que minha filha fique com esse prejuízo...

— Veja bem, d. Raquel, a essa hora Gisele já vendeu o produto do roubo e gastou o dinheiro. Não tenho como lhe pagar agora, mas queria lhe pedir que me permita quitar a dívida de forma parcelada. Assim vou intensificar o meu trabalho e aos poucos vou lhe pagando, mas, pelo amor de Deus, não denuncie a minha filha para a polícia. Ser for presa, ela praticamente estará entrando para a escola do crime.

— Está bem, então a senhora vai me pagando aos poucos, até quitar a dívida.

Apesar de a mulher ter se compadecido de d. Marta, o que a levou a agir dessa forma foi por saber que, denunciando à polícia, provavelmente nunca reaveria o valor das joias. D. Marta estava muito decepcionada com a filha. Agora teria que trabalhar ainda mais para cobrir o prejuízo causado por ela. Ali mesmo decidiu que não voltaria para casa, não aguentaria a solidão, sem nada poder fazer. Resolveu se dirigir à residência onde iria trabalhar naquele dia; encararia o trabalho com afinco para se distrair um pouco dos problemas.

***

Enquanto isso, Gisele, juntamente com o grupo de amigos, despertava do estado de sonolência causado pelo uso excessivo de entorpecentes naquele fim de semana. Não tinha o que fazer nem para onde ir; faltava-lhe coragem para encarar a mãe e os irmãos.

Resolveu procurar Robson, sabia que ele era poderoso ali na comunidade e, se quisesse, poderia fazer alguma coisa por ela. Chegou ao barraco onde normalmente o traficante recebia seus clientes e não encontrou ninguém. Decidiu perguntar na vizinhança onde ele morava, mas ninguém sabia de nada, alguns diziam que nem conheciam o sujeito.

Sentou-se à porta, na esperança de que Robson aparecesse ou alguém que pudesse lhe dar a informação. Com o passar do tempo, sentiu fome, precisava também ir ao banheiro. Pegou a bolsa, notou que não havia sobrado dinheiro nenhum, mas se lembrou de que, antes de entrar para a festa, havia escondido alguns trocados dentro da calcinha. Não era muito, mas o suficiente para fazer um lanche.

Desceu a rua e encontrou uma lanchonete. Perguntou se ali havia banheiro feminino e a moça lhe indicou a porta. Diante do espelho, Gisele viu como estava desfigurada; o cabelo em desalinho, olheiras salientes... O espelho não expôs apenas o seu estado físico, mas, sobretudo, a degradação moral provocada pelo uso dos entorpecentes. Sentiu-se só, sentiu também que não passava de um farrapo humano. Assim mesmo lavou o rosto, penteou os cabelos, deu uma ajeitada na roupa, saindo logo em seguida. Pediu o lanche e sentou-se a uma mesa, onde comeu demoradamente, procurando gastar o tempo. Levantou-se e quando se preparava para sair, alguém lhe tocou no braço, por detrás. Virou-se e se deparou com Robson. Vendo o traficante, sentiu um misto de alegria e medo.

— Olá, menina! Por está aqui até agora?

Gisele tentava controlar a ansiedade, enquanto pensava em alguma coisa para dizer.

— Olá... Sim, é que...

— Tomou uns porres a mais, não é? Vamos até meu carro, não devemos conversar aqui.

Sem pensar em nada, ela caminhou em direção ao veículo. Era um carro importado e luxuoso. Um dos comparsas do traficante estava ao volante e o tal Bode, no banco ao lado do motorista, portava armamento pesado. Robson abriu a porta traseira para que a moça entrasse e embarcou em seguida.

— Essa mina encrenqueira de novo, chefe? - perguntou Bode, com voz irritada.

— Cale a boca! Vamos logo para casa - ordenou Robson.

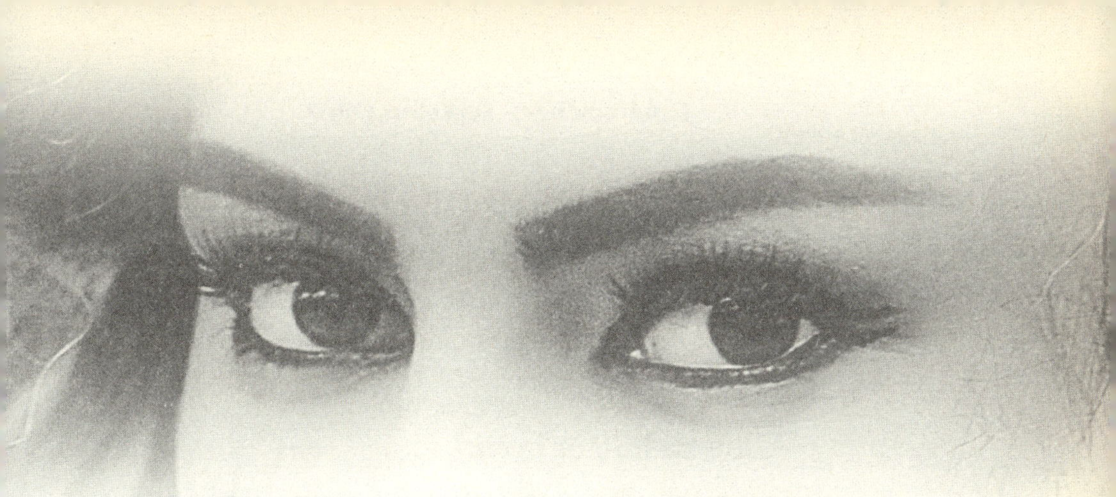

4. A casa de Robson

O carro saiu rapidamente, subindo a rua. Não andou quinhentos metros e parou numa esquina, em frente a uma casa grande de varanda. Robson acionou o controle remoto e o portão abriu, fechando logo que o carro entrou.

Gisele tremia dos pés à cabeça. O carro parou, Robson desceu abrindo a porta para que a moça desembarcasse. Em frente à casa havia um jardim e uma grande piscina. Em cada esquina do muro, um guarda fortemente armado e com um rádio comunicador. Todos reverenciavam quando o chefe passava.

— Vamos entrar, princesa! - disse Robson.

Timidamente, a moça se deixou conduzir pelo traficante para o interior da casa. Logo na entrada, havia uma sala espaçosa ricamente decorada, onde se destacavam os mais finos tapetes e cortinas; de um lado, uma TV quase do tamanho da parede.

— Sente-se, princesa - repetiu o tratamento, indicando um grande sofá.

Gisele se sentou timidamente.

— Vamos, recoste-se e fique à vontade.

Em seguida, Robson tocou uma sineta que estava na mesinha de centro e um mordomo, tipicamente trajado, colocou-se à disposição do casal.

— Toma alguma coisa?

— Uma soda, por favor!

Naquele momento, só de pensar em bebida alcoólica, Gisele sentia arrepios e náuseas.

— Para mim, um uísque com gelo, como sempre - ordenou o anfitrião.

Estabeleceu-se um silêncio proposital na sala, para que Robson observasse as reações da moça, deliciando-se com o pânico em que Gisele se encontrava. Enquanto isso tomava sua bebida, demonstrando grande prazer a cada gole.

— Agora diga, princesa, foi expulsa de casa, não foi?

— Não... - Gisele gaguejava. — Na verdade, não tive coragem de retornar. Meus irmãos...

— Eles não te aceitam mais, não é?

— Não é bem assim...

Gisele não queria demonstrar que não tinha para onde ir, para não se colocar totalmente nas mãos do rapaz, afinal não sabia com que intenção ele a havia levado até sua casa.

— Eu conheço essa história. Eles se julgam os poderosos e não aceitam que de vez em quando tomemos umas e outras para ajudar a levar a vida, não é? Fique aqui, princesa, vou protegê-la. Você não sentirá falta de nada.

Robson se mostrava carinhoso, protetor, quase paternal, mas Gisele era esperta e não deixava transparecer que estava sem alternativas.

— Robson, queria lhe pedir uma coisa.

— Peça o que quiser, princesa.

— Eu queria tomar um banho.

Sem nada responder, ele tocou a sineta e ordenou ao mordomo que providenciasse o banho para Gisele. Após o banho, ela se sentiu outra pessoa, havia revigorado.

***

D. Marta seguia sua rotina, agora mais apertada, pois precisava pagar as joias de d. Raquel, mas sentia que o trabalho lhe fazia bem. Quase não tinha tempo para conversar com as vizinhas, mas em uma tarde encontrou d. Inês a esperando, dizia que tinha uma coisa para lhe falar.

— Fale, d. Inês, o que foi?

— Eu fiquei sabendo que a Gisele está morando na casa do chefe do tráfico, lá no alto da comunidade.

Por um lado, a mãe ficou aliviada ao saber que a filha não estava perambulando pelas ruas. Por outro, temia o envolvimento da moça com gente do tráfico, porque sabia que mais cedo ou mais tarde haveria problemas. Mas, pelo menos no momento, ficou mais tranquila.

Robson havia dito a Gisele que desde o dia que ela havia perdido a droga, não conseguiu esquecê-la, e que quando a encontrou na lanchonete ficara contente. Propôs a ela que ficasse morando em sua companhia. Gisele também, quando conheceu o rapaz, se sentiu atraída por ele, mas depois das agressões sofridas, quis odiá-lo. Entretanto, não conseguiu. Robson a tratava realmente como princesa, mas não deixava que ela participasse de seus negócios.

— Vamos, princesa, se arrume que hoje tem uma festa e você será a primeira dama.

Gisele se arrumou da melhor forma, vestindo o melhor vestido que o companheiro mandou comprar para ela. Durante a festa, os amigos tratavam o chefe com bajulação, dedicando o mesmo tratamento à Gisele. Somente algumas mulheres a olhavam com desprezo e inveja. Aproximavam-se de Robson, o que deixava o rapaz vaidoso, mas Gisele não ousava dizer nada porque, apesar de sentir certo ciúme, tinha medo de reclamar. A verdade é que estava levando uma vida de rainha e tudo corria bem na comunidade. Robson dosava a droga que deixava à disposição da companheira.

***

Um dia, um dos seguranças disse ao chefe que uma *gang* rival estava invadindo parte da comunidade, disputando pontos de venda. Robson mandou chamar Bode e ordenou:

— Precisamos reforçar nossas armas, quero que encomende ao nosso fornecedor um carregamento para aumentar nosso arsenal.

— Sim, patrão, é pra já.

Bode saiu em companhia de dois seguranças e se dirigiu ao local em que se realizava aquele tipo de negócio. À tarde, voltou com a notícia de que o carregamento chegaria na semana seguinte, e que ele poderia preparar o pagamento.

— Tudo bem, pode fechar - disse o chefe.

Bode ligou confirmando a negociação. No dia combinado, foram receber o carregamento. Eram muitas armas. Em seguida, mandou reunir os rapazes da comunidade e até as crianças maiores de doze anos, aliciando-os para o tráfico. Poucos não aceitaram. A admiração era tão grande pelo bando de Robson que, principalmente os garotos, se sentiam orgulhosos de pertencerem a ele, bem como de portar uma arma carregada. Isto dava *status*. Durante a semana seguinte, houve curso de preparação para uso das armas, além das estratégias usadas na guerra do tráfico.

A vida da família de d. Marta corria normalmente, quando Junior foi solicitado a participar do bando e se recusou. Isto fez com que ele ficasse isolado de alguns amigos que aderiram ao tráfico. D. Marta agora intensificava as preces em favor da família. Às quartas-feiras frequentava assiduamente as reuniões espíritas e um dia questionou por que a vida é tão dura para uns e tão fácil para outros.

O expositor lhe explicou que cada um tem uma bagagem espiritual; uns pela prova da miséria e outros da riqueza. Uns vêm ao mundo para resgatar débitos, outros em atitude missionária, ajudando o crescimento dos irmãos, mas que tudo tem a finalidade da evolução. Disse que Deus estava no controle de tudo, por meio de suas leis justas e imutáveis.

Junior começou a frequentar as turminhas de amigos da comunidade, participando das peladinhas de futebol num campinho ali perto, além das festinhas e comemorações que frequentemente aconteciam. Sentia-se constrangido quando alguém fazia uma piadinha sobre a irmã. Com o passar do tempo, passou a gostar de Manuela, uma garota de sua turminha, e percebeu que era correspondido. Em todas as oportunidades, ficavam juntos até que chegou o momento de abrir o coração.

— Manuela, já faz algum tempo que nos conhecemos e, daí para cá, eu passei a sentir falta da sua presença. Quer namorar comigo?

A menina, que já esperava por aquilo, não se fez de difícil:

— Claro que quero, Junior! Aliás, isso já vem acontecendo, você não acha?

— Sim, mas pensei que fosse apenas de minha parte.

— Claro que não, seu bobo! Eu gosto de você. Não percebe?

Os dois estavam felizes. Apesar de o namoro não ser oficializado, passaram a agir publicamente como namorados. Num sábado, houve uma festinha, Junior e Manuela como sempre ficaram juntos e, quando terminou, o garoto acompanhou a namorada até a residência dela. Ao retornar para casa, descendo uma rua de pouco movimento, encontrou Pezão, apelido dado a um menino porque ele era grandalhão e seu pé também era enorme. Junior o cumprimentou:

— Olá, mano, que está fazendo aqui a essa hora?

— To aqui te esperando, mano. Não to gostando de você ficar com a Manuela. Ela é minha. Já há muito tempo venho tentando conquistá-la e você entrou na parada, mano. Você acha que porque é irmão da mulher do chefe, pode esnobar a gente? Tá muito enganado, mano... Aquela vagabunda da sua irmã se deu bem, mas comigo é diferente e não vou deixar a Manuela pra você, não...

Grande e desajeitado, Pezão era motivo de chacota e toda a turma gozava do seu jeito abobalhado. Isso fazia com que ele se tornasse complexado, principalmente porque era rejeitado pelas meninas, inclusive por Manuela.

— Que é isso, cara? A gente é amigo. Não vamos brigar por causa disso...

— Cara, fica longe da Manuela, to te avisando. Senão vamos resolver é aqui...

Dizendo isso, Pezão mostrou uma arma. Junior se assustou com a atitude dele. Não esperava que o rapazinho estivesse tão apaixonado por sua namorada a ponto de ameaçá-lo de morte. Assim pensando, chegou em casa. Havia decidido não contar nada para d. Marta, para não preocupá-la, mas chamou Estevão e lhe contou o ocorrido.

— Junior, eu acho que esse cara fez isso tentando lhe assustar. Não acho que ele vá fazer algo contra você, mas é bom observar as atitudes dele daqui para frente.

— Vou ficar de olho.

Alguns dias depois, em uma peladinha de futebol, Pezão procurou ficar do lado contrário ao de Junior. Num lance do jogo, acertou Junior, que caiu contorcendo-se de dor. Aproveitando que ele estava no chão, Pezão partiu para cima dele, dando chutes e pontapés, alegando ter sido Junior quem o acertara primeiro. Os amigos entraram em defesa de Junior, estranhando e condenando a atitude do outro.

Após o episódio, a situação tomou outra proporção e Estevão passou a ficar mais junto ao irmão nos eventos da comunidade.

— Junior, quando você for à casa da Manuela, evite passar por aquele caminho costumeiro. Dê a volta na outra rua, porque se o Pezão estiver esperando para fazer alguma coisa contra você, não vai lhe encontrar - disse Estevão, preocupado.

— Combinado, vou passar por outra rua.

Numa noite, Estevão chegou do trabalho e perguntou à mãe por Junior.

— Seu irmão foi a uma festinha com a namorada.

Isso preocupou Estevão, que saiu atrás do irmão. Encontrando-o, disse:

— Quando for levar a Manuela em casa, volte pela outra rua. Eu vou passar pelo caminho normal, para ver se o Pezão está esperando por você.

Assim fizeram. Quando Estevão desceu a rua, o Pezão estava lá e ele procurou não ser visto. Quando Junior chegou em casa, o irmão o alertou.

— Estevão, poderíamos denunciar o Pezão à polícia. Assim eles o pegam usando a arma, o que comprovará a nossa denúncia - sugeriu Junior.

— De jeito nenhum! - discordou Estevão. — A polícia não entra na comunidade, porque haveria uma guerra com o comando daqui.

— Então, o que faremos?

— Tenho uma ideia: conte para a Manuela o que está acontecendo. Peça a ela para procurar o Pezão e dizer que, se ele continuar perseguindo você, que irá se afastar dele. Apaixonado como está, ele não vai contrariar sua amada.

— Pode dar certo, sim. Vou falar com a Manuela.

No dia seguinte, Junior contou à moça, que ficou assustada.

— Junior, eu nunca nem conversei diretamente com o Pezão. Já havia notado seu interesse por mim, mas acho-o esquisito, tenho até medo dele.

— Eu sei, Manuela. Esses caras são assim mesmo, se apaixonam por uma garota sem nunca ter nem conversado com ela e passam a construir fantasias como se estivessem vivendo um romance. Meu professor já explicou esse caso, chegando a nos alertar para isso.

— Pois é, Junior, eu não tenho culpa. Nunca dei mole para ele.

— Eu tenho certeza disto.

— Mesmo assim, vou fazer o que me pediu. Quem sabe ele desiste de perseguir você?

— Pode ser...

— Junior, quem sabe se a gente conversar com o Robson, o chefão aqui da comunidade, ele não daria um jeito no Pezão? Dizem que ele, apesar de liderar o tráfico, é uma pessoa justa e procura ajudar a todos.

— Não, Manuela! Eu não quero envolvimento com o tráfico.

Dizendo isso, Junior se lembrou da irmã e temeu uma aproximação com Gisele. Afinal, ela estava dando sossego à sua mãe, apesar de viver com o traficante.

— Vamos tentar a primeira alternativa. Você conversa com o Pezão, para ver se resolve a questão; caso contrário, a gente pensa em outra coisa.

Manuela concordou.

— Amanhã vai ter um encontro dos jovens aqui na comunidade. Não venha. Isso me dará oportunidade de conversar com o Pezão com mais liberdade.

Quando Manuela chegou ao encontro, viu Pezão conversando com os amigos. Ao notar sua presença, seu comportamento mudou. Ele foi se isolando do grupo, procurando um lugar mais solitário, sempre olhando a moça de soslaio. Aproveitando a oportunidade, Manuela se aproximou.

— Boa noite, Pezão!

O rapaz foi pego de surpresa e, com o susto, não sabia o que dizer. Gaguejando, respondeu:

— Boa noite!

— Posso me sentar aqui? Quero conversar um pouco com você.

Pezão não respondeu, apenas indicou a cadeira que estava próxima, para que a moça se sentasse.

— Pezão, apesar de nunca termos conversado mais demoradamente, eu sempre o observo e gosto muito de você - disse ela.

O rapaz, que já era bem desconfiado, ficou ainda pior. Não sabia nem onde colocar as mãos, limitando-se a concordar com a moça por meio de expressões faciais. Acreditava que estava diante de um milagre;

quem representava seus sonhos estava ali, diante dele, como uma deusa. Manuela continuou:

— Queria ter a oportunidade de ser sua amiga, de nos conhecermos melhor. Quero saber do que você gosta, falar também das minhas coisas. Quero lhe apresentar o meu namorado. Você verá que ele é uma pessoa muito bacana, que vocês poderão ser grandes amigos...

As mais variadas formas de fantasia passavam pela cabeça do rapaz, tornando-o feliz. Mas quando Manuela falou sobre o namorado, desfez-se o seu castelo. Não estava interessado no namorado dela, apenas em Manuela.

Ele criou coragem e falou:

— Sim, Manuela, nós podemos ser amigos. Será muito bom para mim, que vivo solitário. Os amigos ficam zombando de mim e eu sofro muito por causa disso. Talvez assim eles parem com as zombarias. Você vai me ajudar muito.

Pezão pensava que se fizesse amizade com Manuela, mesmo ela tendo um namorado, passaria a ser mais respeitado pelos amigos e, quem sabe no futuro não a conquistasse de vez?

Manuela estava feliz. O plano havia dado certo. Agora era só convencer Junior a aceitar aquela pessoa desajeitada convivendo com eles. A menina estava ansiosa para se encontrar com o namorado para relatar o ocorrido, pois achou que se saíra muito bem, chegando até a sentir pena do rapaz tão marginalizado pelos amigos.

Ao se encontrar com Junior, ela contou sobre a conversa que tivera com o Pezão:

— Junior, eu acho que deu certo. Fiquei com pena do Pezão, pois ele sofre uma discriminação muito grande pelos amigos. Sente-se inferior, deixando transparecer que vive problemas em casa também.

— Mas não podemos confiar tanto, Manuela. Diante de você, ele é uma pessoa, mas, longe, se torna outra. Acho que ele não é normal. Deve ter algum desvio de comportamento, conforme aprendi na escola.

— De qualquer forma, vamos observar as suas atitudes daqui para frente.

Dizendo isto mudaram de assunto, passando a conversar sobre outras coisas.

Realmente, nos tempos que se seguiram, Pezão não fez mais nenhuma ameaça a Junior. Estevão, apesar disso, não se descuidava de proteger o irmão, continuando a observar se o adversário não estaria de tocaia para atacá-lo. Tudo corria normalmente e na casa de d. Marta já existia paz e tranquilidade.

5. Novos problemas com Junior

Numa manhã, d. Marta acordou com o coração apertado. Chorou um pouco e pensou em não ir ao trabalho, mas a responsabilidade falou mais alto. Saiu de casa angustiada e trabalhou durante todo o dia sentindo-se pesarosa. À tarde, ao retornar para casa, os filhos não tinham voltado; pelo horário, era normal que os dois mais velhos estivessem ausentes, mas já havia passado da hora de o Junior ter chegado.

Resolveu ligar para a escola. O vigia atendeu dizendo que as aulas tinham terminado no horário normal e que não havia mais nenhum aluno por lá. Ansiosa, d. Marta esperou a chegada de Estevão e João Pedro, que se dispuseram a procurar o irmão pela comunidade, priorizando os lugares em que Junior normalmente frequentava. Nada foi encontrado.

Os irmãos retornaram e resolveram ligar para a polícia e prontos-socorros, mas nenhuma ocorrência havia sido feita envolvendo um rapaz com aquelas características. Estevão chamou João Pedro e contou o que vinha ocorrendo com Junior, pois não havia dito nada para não gerar maiores preocupações em casa.

— Você deveria ter me contado o que estava acontecendo. Eu poderia ter tomado alguma providência que protegesse o Junior.

— Eu pensei que isso iria passar. Não imaginava que o Pezão fosse capaz de cumprir qualquer ameaça.

— Vamos procurar esse sujeito. Ele é o principal suspeito nessa história.

Os dois irmãos saíram e não foi difícil descobrir onde o rapaz morava. A casa de Pezão era um barraco coberto por latões de tambores cortados, em um beco estreito, onde corria um esgoto a céu aberto. Chamaram e após instantes uma velhinha extremamente magra, atendeu-os à porta.

— Boa noite, senhora, queremos falar com o Pezão.

— Por acaso, vocês querem falar com o meu filho? - perguntou a senhora, demonstrando certa irritação por tratarem-no pelo apelido.

— Sim, ele está em casa?

— Não, senhor. Ele saiu pela manhã e ainda não voltou. Vocês querem esperar por ele?

— Não - respondeu João Pedro, nervoso.

E voltaram para casa na esperança de que já houvesse alguma notícia sobre o irmão. Antes de chegarem, notaram que Manuela esperava por eles, também estava ansiosa por notícias. Ficara sabendo do desaparecimento de Junior quando os irmãos procuraram por ele na casa dela. Manuela chorava demonstrando certo desespero.

Passados alguns instantes que os irmãos haviam chegado, uma viatura policial encostou em frente à casa. Desceram dois policiais procurando por João Pedro.

— Boa noite! Precisamos falar com o senhor, em particular. O senhor é o irmão do rapaz que estavam procurando?

— Sim, sou eu - João Pedro respondeu com dificuldade, tamanha a ansiedade em que se encontrava.

— Por favor, nos acompanhe até a viatura.

João Pedro os acompanhou e, antes mesmo de chegarem à viatura, o policial falou:

— Sr. João Pedro, foi encontrado o corpo de um rapaz com as características do seu irmão. Ele estava num terreno baldio, a poucas quadras daqui. Os vizinhos ouviram dois tiros e, quando chegaram ao local, o rapaz já estava morto, mas não viram ninguém nas imediações. O corpo está aguardando o reconhecimento pela família para ser conduzido ao IML. Entre na viatura. Vamos levá-lo até lá.

Estevão, d. Marta e Manuela se aproximaram e, pela expressão de João Pedro, deduziram o que poderia ter acontecido. D. Marta quis acompanhar, mas foi contida pelo policial, dizendo que seria melhor que ela aguardasse em casa.

O policial já tinha certeza de que se tratava de Junior, porque haviam encontrado os documentos, mas evitou dar a notícia para poupar a pobre mãe do choque brusco da tragédia. Ao chegarem, o corpo estava coberto com jornais e havia muitos curiosos no local. O policial chamou João Pedro e descobriu o rosto do cadáver. Era mesmo de Junior...

Uma força descomunal tomou conta de João Pedro. Ele precisava ser forte, porque teria que tomar todas as providências para a liberação do corpo e posteriormente o sepultamento, além de ter que dar suporte à família. Ao retornar para casa, pensou que encontraria d. Marta desesperada, na porta, mas ela não estava. Entrou. Estevão e Manuela estavam na sala e, pelo olhar de João Pedro, não precisou dizer nada.

– Cadê a mãe?

– Está no quarto.

O rapaz temeu que a mãe houvesse se sentido mal. A porta estava apenas encostada. João Pedro entrou e viu d. Marta sentada na cama; quis dizer alguma coisa, mas ela colocou o dedo em sua boca, ordenando silêncio, e falou:

– Meu filho, não precisa dizer nada. O corpo do Junior está em um terreno baldio, coberto por jornais. Em sua cabeça, levemente virada para o lado, existem duas perfurações causadas por disparos de revólver. Em volta, várias pessoas fazem vigília. Mas ele não está lá, meu filho, seu irmão veio até aqui e me levou até o local. Eu vi tudo!

A mulher sorriu tristemente e prosseguiu:

– Quando entrei neste quarto e me sentei na cama, um clarão muito forte envolveu todo o ambiente. Eu voltei os olhos e vi dentro do clarão o seu irmão que sorria para mim. Dizia-me que a separação era apenas no plano físico, mas que no plano espiritual estaríamos ainda mais unidos agora. Dizendo isso, me levou até o local onde estava seu corpo. Quando retornamos ao meu quarto, ele me disse que sua missão aqui na Terra tinha terminado e ele havia recebido como prêmio a sua libertação da carne. Mas disse também que sua missão no plano espiritual não havia acabado. Que me mantivesse sempre fiel aos ensinamentos do mestre Jesus que, por mais difíceis que as situações se apresentem, elas sempre nos conduzem para os caminhos onde encontraremos nossas realizações e o cumprimento de nossos planejamentos reencarnatórios. Tudo nos conduz ao amor. Dizendo assim se despediu, me beijou e desapareceu em seguida.

A expressão de d. Marta era da mais profunda serenidade. João Pedro ficou impressionado como a mãe havia relatado com exatidão a cena do crime.

Após o reconhecimento, o corpo foi levado ao IML, onde seria feita a autópsia e posteriormente a liberação para o sepultamento. João Pedro começou a tomar as providências legais, enquanto que, em casa, os vizinhos e amigos mais próximos foram chegando para dar apoio aos familiares, principalmente à d. Marta.

— Estevão, nós precisamos avisar sua irmã. Você poderia fazer isto?

— Faço sim, mãe. Vou procurar Gisele. Pode deixar que eu aviso.

Após dar alguns telefonemas para os parentes mais distantes, Estevão subiu para o alto da comunidade. Quase todas as pessoas que encontrou pelo caminho já sabiam do acontecido e se agrupavam, comentando. Ao verem Estevão, prestavam-lhe solidariedade.

Enfim chegou à casa onde Gisele morava. Tocou a campainha e um segurança atendeu:

— Boa noite, mano! O que você quer?

— Boa noite! Sou irmão da Gisele e preciso falar com ela, urgente.

— Vou ver se ela pode lhe atender.

O segurança foi até Robson e disse o que estava acontecendo.

— Chefe, o rapaz parece muito preocupado. Deve ser coisa grave.

— Houve um assassinato hoje na comunidade. Será que é alguma coisa relacionada ao caso?

— Não sei, chefe. Ele não disse, falou apenas que precisava falar com a Gisele, urgentemente.

— Chame o Bode e os outros, e certifiquem-se de que ele está sozinho. Se estiver, deixe-o entrar, mas fiquem de olho.

Os seguranças saíram e, após conferirem nas imediações e constatar que não havia mais ninguém, chamaram o rapaz.

— Pode entrar, mano. Espere na sala.

Estevão entrou e, passados alguns instantes, Robson chegou acompanhado de Gisele. A moça mantinha os olhos abaixados como se sentisse vergonha do irmão.

— Diga, logo mano. O que é?

— Gisele... É o nosso irmão...

— Quem? João Pedro?

— Não, o Junior.

— Diga. O que aconteceu a ele?

— Mataram ele, minha irmã.

— O que você está dizendo, Estevão? O que aconteceu?

— Foi isso que você ouviu, mataram nosso irmão - repetiu o rapaz entre soluços.

— Não pode ser. Meu irmãozinho...

Gisele se lembrou de quantas vezes havia preparado o irmão para sair para a escola, quantas vezes havia lhe ajudado nas tarefas escolares... Junior nunca a condenou quando aprontava alguma coisa, parecia haver até uma certa cumplicidade entre os dois. Ele parecia entender o drama que a irmã enfrentava tentando se livrar das drogas.

— E a mamãe, Estevão, como ela está?

Estevão apenas se limitou a baixar os olhos, nada falou.

— Eu vou com você.

Dizendo isso, Gisele foi até o banheiro, lavou o rosto retirando a maquiagem, trocou a roupa por uma vestimenta mais sóbria, não se esquecendo de deixar as joias sobre a cama.

— Vou mandar levar vocês - disse Robson.

— Não. Eu não quero. Vou a pé com o Estevão.

Gisele não queria chamar atenção e o traficante respeitou. Desceram a rua sem trocar nenhuma palavra, cada um curtia a sua dor. Ao chegarem em casa, a residência estava cheia de gente. Pediram licença e foram até o quarto de d. Marta, que estava em companhia de Manuela, inconformada com a morte do namorado.

— Mãe...

— Deus te abençoe minha filha!

A mulher abraçou a filha demoradamente, sem dizer mais nenhuma palavra. Mais tarde, João Pedro chegou. O corpo do irmão só seria liberado para sepultamento no dia seguinte, pela manhã. Quando seus olhos cruzaram com os de Gisele, o rapaz desviou o olhar, ignorando-a. A moça queria abraçar o irmão, mas não encontrou oportunidade. João Pedro se retirou e foi ao encontro de Denise. A noiva, num gesto de conforto, abraçou-se a ele, procurando um local mais privativo.

No dia seguinte, o corpo de Junior, após curto velório, foi sepultado em meio a tristezas e comoção geral. Depois retornaram para casa, onde procuravam se confortar.

Ao final da tarde, Gisele disse:

— Mãe, eu já vou. Fique com Deus...

Após uma demorada pausa, d. Marta falou:

— Fique, minha filha.

— Não, mãe, eu preciso ir.

Gisele sabia que não tinha coragem de deixar as drogas e não queria criar mais problemas para a mãe. Sabia que d. Marta tinha o direito de tocar a vida do seu jeito e, sem dizer mais nada, saiu pela porta, enquanto a mãe a acompanhou com os olhos, até virar a esquina, como ocorrera da outra vez.

No dia seguinte, estacionou um carro da polícia na porta da casa. Após se apresentarem e manifestarem os pesares pela morte de Junior, os policiais perguntaram pelos outros filhos.

— Já saíram para o trabalho - respondeu d. Marta.

— Estamos investigando o assassinato do seu filho. Gostaríamos de saber se a família suspeita de alguém, o que ajudaria muito nas investigações.

— Eu não sei de nada, mas ao final da tarde, vocês encontrarão meus filhos em casa. Talvez eles saibam de alguma coisa.

Os policiais agradeceram, prometendo voltar na hora indicada. À tarde, Estevão e João Pedro acabaram de chegar e os policias chegaram em seguida.

— Existe uma pessoa de quem tenho uma forte suspeita. É um garoto que foi amigo do Junior, apelidado de Pezão. Por causa de ciúmes da namorada, passou a ameaçar o meu irmão, inclusive lhe mostrando uma arma, ameaçando-o de morte, caso não terminasse o namoro. Às vezes, ficava de tocaia esperando o Junior retornar da casa da namorada. No dia em que ocorreu o crime, fui à casa dele tentando localizar meu irmão, mas a mãe disse que ele havia saído - relatou Estevão.

— Ele é o principal suspeito, temos quase certeza de que foi ele. Na verdade, já temos algumas informações - disse um dos policiais.

Sabendo que Pezão vendia balas em um cruzamento no centro da cidade, os policiais se dirigiram para lá. Chegaram sem chamar a atenção e, quando abordaram o rapaz, ele tentou escapar, mas foi capturado. Pezão foi logo dizendo:

— O que vocês querem? Por acaso é proibido vender balas?

— Vamos verificar. Passe a mochila.

Quando abriram a mochila, encontraram também drogas. As balas eram apenas um disfarce para encobrir a distribuição de drogas. O rapaz disse que era usuário e que aquilo era para seu consumo, mas a quantidade do produto caracterizava tráfico.

— Venha conosco, rapaz.

Colocaram Pezão na viatura e o levaram para a delegacia. Lá, o delegado, ao interrogá-lo, disse que tinha uma testemunha que o vira matar Junior.

Pezão foi caindo em contradição, até que confessou o crime, mas disse que fora ajudado por um amigo chamado Vadinho. O comparsa abordara Junior quando este descia do ônibus e o obrigou a entrar no terreno baldio, onde aconteceu o crime. Pouco tempo depois, os policiais encontraram o cúmplice e a arma do crime. Os dois foram conduzidos à Casa do Menor Infrator onde cumpririam a pena estabelecida.

Aos poucos, as coisas foram voltando ao normal na casa de d. Marta. Estevão sentia muita falta do irmão, com quem sempre dividia suas dificuldades e conquistas. João Pedro resolveu adiar o casamento com Denise, para ficar mais perto de d. Marta e do irmão, dando apoio à família, até que o tempo colocasse as coisas em seus lugares.

D. Marta sempre encontrava solidariedade nas casas onde trabalhava, principalmente com d. Raquel. Ela sentia pena da faxineira que, logo após a decepção com a filha, sofrera a perda de seu filho caçula. Gisele também procurava dar apoio à mãe, mas sempre evitava encontrar-se com os irmãos, principalmente com João Pedro.

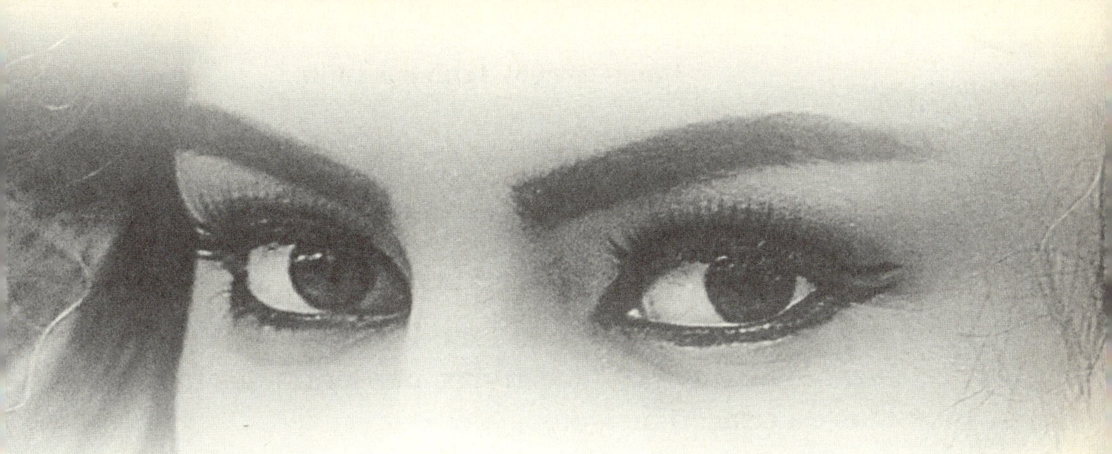

6. A partida de Junior

Após receber os tiros, Junior perdeu a consciência por alguns instantes. Quando foi despertando, viu pessoas ao seu redor. Uma luz forte iluminava o local onde seu corpo estava estendido. Tentou retornar a ele, mas os companheiros espirituais lhe diziam que não se preocupasse, porque sua missão havia terminado. Ainda sentia um pouco de dor na cabeça, onde havia recebido os disparos.

Um homem, aparentando uns cinquenta anos, adiantou-se e fez o desligamento do cordão fluídico que unia o Espírito ao corpo. Junior notou que aquele homem lhe era familiar, mas não conseguia se lembrar que tipo de ligação havia entre eles. Todos os seres espirituais que se encontravam ali traziam a fisionomia serena, demonstrando alegria em recebê-lo.

Aos poucos, Junior percebeu um halo de luz que se formava e o envolvia enquanto deixavam o local. Nessa hora, o recém-liberto da matéria pediu para se despedir da mãe. Foi levado até a casa de d. Marta, quando lhe mostrou onde estava seu corpo, beijou-a e seguiu.De onde estava, Junior podia ver a cidade ficando para trás. Subia a uma altura tão grande, que passou a ver também a Terra aos poucos se distanciar. Viu as estrelas e achou aquele espetáculo maravilhoso. Lembrou-se da infância, quando passeava no sítio de um amigo do João Pedro. À noite, ficava horas a fio olhando as estrelas, pensando nas maravilhas da criação de Deus.

O cortejo prosseguia e Junior notou que haviam saído do sistema solar. Chegaram num lugar onde havia um grande muro em frente a um extenso gramado, onde canteiros de flores coloridas muito bem cuidadas adornavam o jardim. O senhor que parecia liderar o grupo o convidou para caminharem para dentro do muro, onde passariam por um grande portal. Junior teve a impressão de que conhecia aquele local. Entraram, parecia uma cidade com construções majestosas. As ruas eram arborizadas, obedecendo a um traçado de extremo bom gosto. O jovem estava surpreso, extasiado com a beleza e harmonia daquele lugar.

Passaram diante de um prédio de aspecto imponente e o senhor que liderava o grupo o convidou a entrar. Lá o rapaz viu outros recém-chegados, alguns com feridas provocadas por diferentes instrumentos; uns pareciam haver sofrido acidentes, outros apresentavam os órgãos emitindo um fluido pesado, como se tivessem desencarnado vitimas de doenças que acometiam esses órgãos. Em todos havia equipes aplicando passes sobre as regiões afetadas. Era como um grande hospital do plano terreno.

Junior foi colocado numa espécie de maca e a equipe passou a lhe aplicar passes, impondo as mãos na região da cabeça, onde havia sido ferido. Um sono incontrolável tomou conta do rapaz e fez com que dormisse por um longo período. Quando acordou, tentou tocar as feridas, mas elas não mais existiam.

O senhor novamente surgiu à beira do leito, cumprimentando-o:

— Bom dia, rapaz! Seja bem-vindo à Colônia do Triunfo!

— Bom dia, senhor...

— Eu me chamo Raimundo. Estou aqui para acompanhá-lo em sua nova estadia nessa colônia.

— Sr. Raimundo, eu não estou ainda entendendo direito as coisas. Por que o senhor disse "nova estadia"?

— Junior, você é um Espírito muito antigo. Deixou nossa colônia para encarnar na Terra e executar sua missão. Você vinha cumprindo com mérito essa missão, porém um irmão desesperado interrompeu sua passagem pela Terra.

— Qual era a minha missão na Terra?

— Você cuidava de sua irmã, que se envolveu com drogas. Sua missão era ajudá-la.

— E eu não consegui, não é? Eu falhei na minha missão?

— Você não falhou. Ao contrário, desempenhou-a muito bem enquanto esteve encarnado. Você não teve culpa pelo que aconteceu, mas não se preocupe. Nada escapa aos desígnios de Deus. Tudo acontecerá de acordo com o planejamento divino. Jesus está no leme do barco.

Dizendo isso, Raimundo se afastou deixando Junior em suas reflexões.

No dia seguinte, o amigo espiritual estava novamente no quarto, dizendo:

— Quer sair para passear comigo pela colônia? Vamos aproveitar para conversar um pouco.

— Que ótimo! Quero mesmo conhecer melhor este lugar maravilhoso.

— Vamos.

Desceram as escadas do prédio e ganharam as ruas arborizadas, enquanto Raimundo ia informando as atividades exercidas em cada prédio.

— Raimundo, eu desencarnei e vocês me trouxeram para cá, não foi?

— Sim.

— Por que escolheram aqui? Só existe este lugar? Todas as pessoas que desencarnam são trazidas para cá?

— Não, Junior. Existem diversas colônias, em diversos lugares. Jesus nos disse: "Há várias moradas na casa de meu Pai". Cada Espírito se identifica com uma colônia, por isso eu disse que você estava voltando para cá.

— Por que eu não me lembro de nada?

— Logo você se lembrará. Deus nos dá a bênção do esquecimento enquanto encarnados para que possamos desempenhar nossa missão, sem a interferência da encarnação anterior. Vou dar um exemplo, se uma pessoa estiver ligada a outra por laços sanguíneos para quebrar uma aresta e ficar sabendo que noutra encarnação se envolveram em graves desavenças, isso pode impedir de se perdoarem e se amarem na encarnação seguinte, entendeu?

— Entendi. Retornamos juntos, às vezes ligados por laços de parentesco com os nossos desagravos do passado, para que possamos nos perdoar.

— Sim.

— Quem faz essa programação?

— Os próprios Espíritos fazem a programação.

— E todos a cumprem?

— Infelizmente, não. Alguns, diante das seduções do mundo, abandonam o planejamento, chegando até a contrair novas dívidas que deverão mais cedo ou mais tarde ser resgatadas.

— E quando uma pessoa é impedida por outra de cumprir seu projeto?

— Aí serão dadas tantas oportunidades quantas forem necessárias.

Raimundo percebeu que Junior estava preocupado por não ter cumprido totalmente seu planejamento reencarnatório.

— Junior, vamos entrar. Vou lhe apresentar à ministra que coordena as reencarnações.

Entraram em um prédio espaçoso com amplos salões que abrigavam equipes de Espíritos que estudavam alguma coisa. Contavam com o auxilio de um aparelho semelhante a um computador, onde estavam registradas todas as situações vividas pelos participantes do grupo em suas encarnações anteriores.

Junior notou que estudavam as vidas anteriores e planejavam as próximas encarnações. Percebeu que as pessoas normalmente encarnavam em grupos e faziam parte, enquanto encarnadas, quase sempre da mesma família. Algumas que não pertenciam à família da encarnação anterior entravam no grupo, ligadas por outros laços, como amizade e afinidade.

Quando entraram num salão superior, uma moça de rara beleza atendia a diversos grupos que haviam traçado planos para a próxima encarnação. Era como se o estudo passasse pela aprovação dela.

— Raimundo, quem é essa moça que atende a todos sempre com um sorriso nos lábios?

— Ela é a irmã Joana. É a nossa ministra aqui na Colônia do Triunfo.

— Tenho a impressão de conhecê-la.

— Vamos até ela.

Quando se aproximaram, a irmã Joana deu um sorriso maternal cumprimentando Junior com alegria.

— Olá, irmãozinho! Está de volta à nossa colônia? Que bom! Você foi maravilhoso na sua missão entre os encarnados. Seja bem-vindo novamente!

Diante daquele tratamento, Junior foi percebendo que realmente já tinha passado por ali, e as pessoas começavam a se tornar bem familiares para ele.

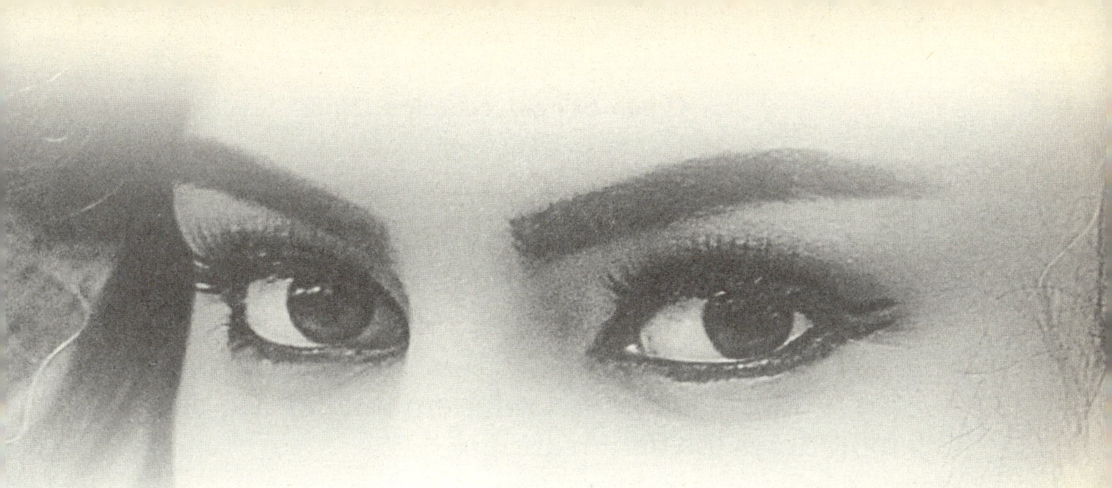

7. A guerra

O tempo foi passando e aumentavam os rumores de que uma facção do tráfico na comunidade vizinha estaria se fortalecendo para a disputa dos pontos de venda. Robson e seus comparsas cada vez mais se estruturavam para enfrentar os adversários.

Em uma madrugada, um dos vigilantes do alto do morro chamou pelo rádio os seguranças da casa de Robson, informando que os adversários estavam se mobilizando para atacar.

— Chefe, acorde! Recebemos pelo rádio a informação de que vão nos atacar pela parte de trás da comunidade - disse Bode.

— Mande soar o alarme convocando todos os "soldados" e imponha toque de recolher na comunidade. Não quero ninguém entrando ou saindo de casa.

Imediatamente, todos que receberam armas foram se apresentando no "quartel general", que funcionava no barraco próximo à casa do chefe, onde recebiam as ordens. Em pouco tempo, a comunidade havia se transformado em uma praça de guerra. As famílias se protegiam como podiam, escondendo-se e montando proteções contra as balas. Os comandados de Robson ocuparam os pontos estratégicos, mas o adversário era numeroso e o tiroteio se estendeu pela madrugada. Gisele, pressentindo que a casa do chefe seria o alvo principal dos adversários, fugiu pelos fundos, indo se esconder em um barraco onde os moradores lhe deram abrigo.

Pela madrugada, os invasores recuaram com a chegada da polícia, mas o estrago havia sido grande. A casa de Robson havia sido quase totalmente destruída pelas explosões de granadas. No barraco do comando havia marcas de balas pelas paredes. Bode se protegera entre o barranco, atrás do barraco, e sacos de areia colocados ali como proteção, mas ao sair deu falta do chefe. Olhou atrás dos outros sacos, mas ele não estava. Levantou-se cauteloso, temendo que alguém pudesse estar escondido nas imediações, e desceu os degraus do barraco. Ao sair no quintal, encontrou Robson caído sobre uma poça de sangue. Correu até o chefe e verificou que tinha várias perfurações de bala pelo corpo. Estava morto.

Tudo mudou na organização. Bode assumiu o comando. Quando Gisele ficou sabendo do que acontecera, não ousou nem procurar suas roupas, pois sabia que Bode não gostava dela e certamente a expulsaria. Resolveu procurar a mãe. Ao chegar em casa, foi logo dizendo:

— Mãe, eu estava aflita para saber como vocês estão, apesar de a guerra ter sido no alto da comunidade.

— Graças a Deus, minha filha! Fiquei desesperada sem saber notícias suas.

— O Robson morreu... Eu gostava dele... Não sei como vai ser agora.

— Minha filha, esta casa continua sendo sua. Fique aqui.

— Mas e os meus irmãos? Eles não aceitam que eu venha morar aqui, principalmente o João Pedro. O que será de mim, minha mãe?

Gisele procurou fazer um drama para sensibilizar ainda mais a genitora, afinal precisava que ela convencesse os irmãos a deixá-la ficar.

— Vou conversar com seus irmãos. Você é minha filha tanto quanto eles.

A moça sentiu que o drama havia dado certo, havia conseguido sensibilizar ainda mais a mãe em seu favor. Quando os irmãos chegaram, a cena da vez anterior se repetiu. Gisele recolhida no quarto, enquanto a mãe tentava convencer os irmãos a aceitá-la novamente.

— João Pedro, Estevão, Gisele voltou para casa. O Robson foi morto e ela não tem onde morar.

— Mãe, não vai dar certo. Nós vamos ter que sustentar essa vagabunda?

— Que podemos fazer, meu filho? Ela é minha filha, irmã de vocês. Você tem coragem de expulsar sua própria irmã de casa?

Nessa hora, quem dramatizou foi d. Marta, pois pretendia acolher a filha de qualquer jeito.

— Vamos deixá-la ficar, mãe. Mas sei que isso não vai durar. Logo ela apronta outra e se manda daqui - disse Estevão.

D. Marta não havia contado para os filhos o que acontecera na casa de d. Raquel. Tudo teria que recomeçar; até mesmo roupas novas precisavam ser compradas para a filha, que não aceitava modelos mais simples, exigindo sempre os de marcas famosas.

Gisele, diante do susto com a morte de Robson, passou a fazer nova promessa a si mesma para deixar as drogas. Ultimamente havia conseguido diminuir o uso, mas nunca deixou de consumi-las e, com o passar do tempo, a abstinência se tornava uma tortura. O relacionamento com a mãe, que a princípio foi cordial, agora se modificara. Ela estava mais nervosa, chegando a desacatar d. Marta nos momentos de crise. Ficava desesperada. Sonhava que estava se drogando e acordava mais desesperada ainda.

Numa tarde em que estava sozinha em casa, Gisele entrou em desespero. Queria dar ao menos uma cheirada, mas não tinha dinheiro para comprar. Andava dentro de casa de um lado para outro como uma louca, chegando a pegar vários objetos, tencionando vendê-los para conseguir o dinheiro, mas logo os deixava no lugar. Faltava coragem para realizar o furto.

O desespero era grande, parecia que os objetos atraíam sua mão. Havia entrado num estado de alucinação; não conseguia organizar as ideias, não sentia o chão que pisava, faltava-lhe o ar para respirar. Não resistindo, pegou uma câmara fotográfica de Estevão, que estava em uma gaveta no quarto dele, e saiu em seguida para vendê-la. Com o dinheiro, adquiriu o pó e se trancou no quarto. Usou o quanto podia e se deixou cair na cama, passando o restante da tarde ali.

Quando d. Marta chegou, percebeu a filha trancada no quarto e chamou:

— Gisele, abra a porta. O que você tem? Está passando mal?

— Me deixa, mãe! Não enche.

— Só queria saber se você está bem, filha...

— Me deixa, mãe. Eu não vou abrir! - e disse um palavrão.

D. Marta imaginou o que estava acontecendo e não insistiu. João Pedro chegou e em seguida Estevão.

— Mãe, você está preocupada. O que aconteceu?

— Nada, João Pedro. Não aconteceu nada...

Os irmãos se entreolharam pesarosos. Estevão, intuído para o que realmente acontecera, foi até o quarto conferir suas coisas e deu falta da câmara fotográfica.

— Mãe, venha aqui, por favor.

— O que é, Estevão? - respondeu d. Marta, demonstrando irritação.

— Você pegou minha câmara que estava nesta gaveta?

— Eu não. Você sabe que não mexo em suas coisas.

— Ela estava nesta gaveta.

Em seguida, chamou João Pedro e fez a mesma pergunta, mas o irmão também afirmou não ter pegado a câmara.

— Mãe, foi a Gisele quem pegou. Cadê aquela vagabunda?

— Ela está no quarto, mas não acredito que ela tenha pegado.

D. Marta tentava amenizar a situação, embora também acreditasse que Gisele havia mesmo aprontado.

— Gisele, abra esta porta. Quero falar com você - gritou o irmão.

— Não! Eu não vou abrir. Me deixe em paz! Não tenho nada para falar com você.

— Tem sim, sua vagabunda! Abra ou eu arrebento esta porta.

Dizendo isso, Estevão passou a chutar a porta e a forçá-la, a ponto de quase arrebentá-la. A moça, percebendo que o irmão estava decidido a entrar, abriu.

Estevão pegou a irmã pelos braços, sacudindo-a e em seguida deu-lhe um empurrão, fazendo-a se escorar na parede para não cair. Gisele, movida por um ímpeto anormal, avançou para o irmão para lhe agredir no rosto, mas este a conteve e deu-lhe um tapa no rosto, fazendo-a cair num canto do quarto.

D. Marta entrou e interveio para impedir que eles se agredissem ainda mais. A moça saiu correndo para a rua, dizendo que Estevão pagaria pelo que lhe havia feito. Subiu a rua e desapareceu na esquina, apesar dos apelos da mãe. João Pedro amparou d. Marta, prevendo o seu desespero ante a saída inesperada da filha.

— Mãe, não se pode fingir que as coisas não estão acontecendo. Essa situação, mais dia, menos dia, iria acontecer. Gisele é viciada. Ela não consegue viver sem a droga. Nós poderíamos interná-la, mas ela não aceita. Então não podemos fazer nada... Deixe-a ir! Ela vai procurar outro traficante, pois é lá o mundo dela.

As lágrimas da mãe corriam pelo rosto, enquanto o filho a amparava, tentando confortar seu coração aflito.

— Meu Deus! Está começando tudo de novo. Será que nunca teremos paz em nossa casa? Será que a vida é só isso? Decepção após decepção... Nem me recuperei da perda do meu filho querido e me vejo na eminência de perder também a minha filha, agora para as drogas... E meus outros dois filhos que também são afetados pelos problemas. Eles não têm culpa, mas tudo que está acontecendo é provocado, direta ou indiretamente, pelas drogas.

D. Marta questionava a Deus por que estava passando por tudo aquilo, mas não encontrava respostas que a convencessem. Naquela noite, não conseguiu dormir, pensando na filha e nos filhos que, por mais que quisesse, não conseguia proteger.

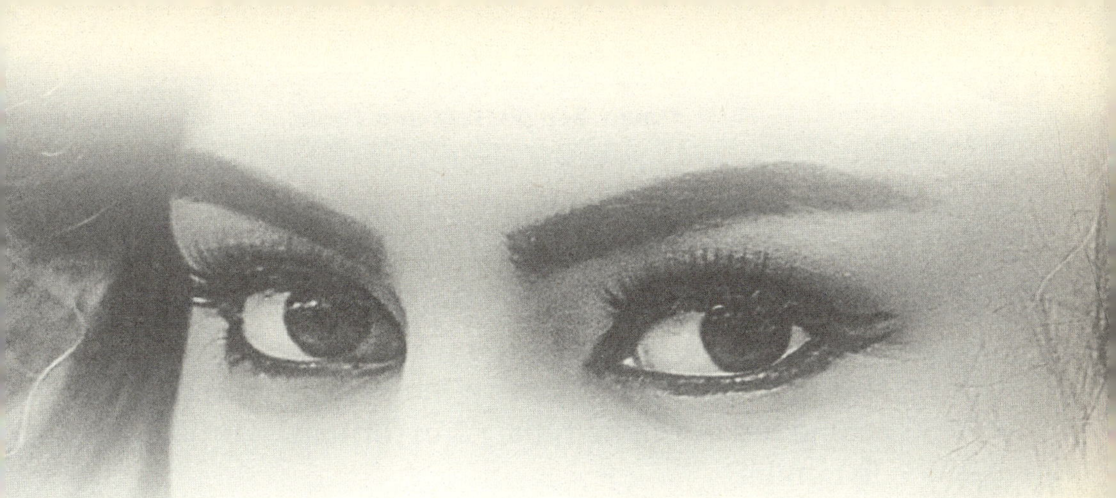

8. Novas vidas

Gisele corria pelas ruas como louca, ainda sob o defeito da droga. Parecia que voava e não conseguia ver nada com definição, apenas vultos de casas e pessoas. Quando deu por si, estava sentada diante de uma casa de dois andares, em uma avenida movimentada. Ela não tinha certeza, mas parecia que alguns seres de aparência estranha tentavam conduzi-la àquela casa. Caminhou mais um pouco em direção à porta, sentou-se na calçada e ali permaneceu por um longo tempo. Quando passou o efeito da droga, ela conseguiu perceber que a casa era um local de prostituição. Pensou em entrar, mas faltou coragem.

Algum tempo havia se passado em que a moça se debatia com a dúvida, quando apareceu na porta uma senhora corpulenta, trajando um vestido comprido, usando joias no pescoço e no pulso. Nas mãos, expunha um anel extravagante em cada dedo.

— Boa noite, minha filha!

— Boa noite! - respondeu Gisele timidamente, demonstrando certo receio da mulher.

— O que faz aqui? Como se chama?

Gisele apenas baixou a cabeça, temendo se abrir com aquela mulher. Afinal, era uma desconhecida.

— Não tenha medo! Sou madame Sofia e esta casa é minha. Eu acolho aqui muitas meninas que têm problemas familiares e me pedem proteção. Eu acolho todas, minha filha. Aqui formamos uma grande família.

Gisele pensou que ficar ali poderia ser a solução de seus problemas. Afinal, teria onde morar e como ganhar dinheiro para sustentar seu vício.

— Venha, minha filha! Vou lhe mostrar a casa e você vai conhecer minhas meninas.

Gisele entrou e acompanhou madame Sofia, após falar resumidamente sobre os seus problemas, apenas omitindo o uso de drogas.

— Veja, aqui é a sala e nestes corredores estão os quartos das meninas. O meu fica no fim do corredor.

Ela ainda se mantinha tímida, quando madame Sofia voltou a falar:

— Veja bem, nós aqui constituímos uma família, como já lhe disse. Mas, como toda família, temos nossas normas e eu exijo que sejam cumpridas fielmente. Vou mandar providenciar roupas para você, um quarto e sua alimentação, mas você irá me pagar as roupas parceladamente e, mensalmente, pagará o aluguel de seu quarto. Em relação aos clientes, exijo que os trate muito bem. Lembre-se de serão eles que te sustentarão enquanto estiver morando aqui. Quero que trate bem às outras meninas, para uma convivência pacífica, entendeu?

Gisele fez um gesto afirmativo com a cabeça.

— Agora venha, vou lhe apresentar as minhas meninas.

Após a apresentação, Gisele percebeu que algumas se mostraram simpáticas, mas notou também expressões de hostilidade em outras. Em seguida, madame Sofia a levou ao seu quarto e ordenou que uma das moças providenciasse as primeiras roupas e a conduzisse ao banheiro, onde deveria se banhar e se preparar para receber seus clientes.

Gisele passou a agir automaticamente. Cumpriu as ordens que lhe foram dadas, mas sentia seu coração disparar. Nunca havia entregado seu corpo por dinheiro.

***

Robson, após receber os tiros, ainda tentou atirar em seus agressores, movido por um sentimento de vingança que lhe dominou. E ainda com esse sentimento foi encontrado pelos mensageiros do Vale do Vício. Tentou se desvencilhar deles, mas não tinha forças; era completamente dominado pelos seres que, além de dominá-lo, ainda debochavam da situação em que se encontrava.

— Vamos, chefe! A legião do Vale do Vício lhe aguarda. Lá tem muito trabalho a ser feito - dizia um dos componentes da missão que parecia liderar o grupo. Sua aparência era horrível, pois havia perdido quase completamente a forma humana.

— Me deixem! Não posso ir. Tenho que pegar esses canalhas que me acertaram.

Robson não tinha noção do que havia acontecido e ainda pensava ter o corpo físico. Os Espíritos do Vale do Vício riram enquanto ele lutava para se desvencilhar do bando.

— Vamos, rapaz. Olhe para trás. Veja o que está ali crivado de balas. Seu corpo parece uma peneira...

— Não, não sou eu. Estou vivo... Não estão vendo?

— Então vá e confira se não é você.

Robson voltou e viu seu rosto banhado pelo sangue que saía de sua boca e do nariz. Um pânico o invadiu inteiramente. Por fim, deixou-se conduzir por aqueles seres de aspecto horripilante.

Sentiu uma enorme angústia, enquanto se via impulsionado para um túnel completamente escuro. Parecia que momentaneamente havia perdido o sentido, quando se deparou com um portal enorme, onde a atmosfera era densa, o mau cheiro era enorme e o frio, cortante.

Logo o portão se abriu e ele pôde perceber que dali para frente descia um abismo com paredes íngremes e a escuridão era total. Andava tateando pelas encostas e de vez em quando ouvia gritos de desespero de Espíritos que urravam pedindo droga. Quando chegaram a um lugar que parecia ser o fundo do abismo, observou que existia uma espécie de fortaleza vigiada por guardas.

— Vamos, Robson, o chefe lhe espera - disse o chefe da missão.

Ao fazer um sinal, os guardas abriram passagem para que adentrassem no local onde se percebia ser o alto comando do Vale do Vício. Ali o quadro era dantesco.

— Aproxime-se, Robson. Seja bem-vindo ao nosso mundo. Daqui controlamos esse bando de viciados que tudo faz para conseguir um pouco de pó. Mas você não é usuário, assim será mais fácil contribuir com os nossos planos de organizar as equipes que vão periodicamente influenciar aquele bando de alienados da Terra a se viciarem e a fornecer fluidos para os viciados daqui. Assim fica mais fácil de dominá-los, porque temos o controle do pó, somos servidos por eles.

— Não quero ficar aqui. Quero voltar à Terra. Tenho que terminar meu trabalho.

— Robson, você era chefe lá na Terra, mas aqui você obedece. Ou prefere ser colocado na lama, onde muitos o esperam para se vingar por tê-los iniciado, direta ou indiretamente, no vício?

E levaram o rapaz até uma região onde Espíritos sofredores se debatiam disputando os fluidos da droga que era distribuída. Lutavam como porcos numa lama fétida e gelada, emitindo sons grotescos de horror e desespero. O rapaz foi reconhecendo aqueles que haviam se envolvido com o vício, às vezes até mesmo pressionados por equipes que trabalhavam sob o seu comando. Sentiu pavor. Percebeu que, se fosse jogado ali, seria presa fácil para os que desejavam vingança.

— Estou disposto a cooperar. Não quero ficar aqui - disse ele, assustado.

Retornando ao alto comando, o chefe soltou uma gargalhada sarcástica e exclamou:

— E, então rapaz? Não gostou lá de baixo? Acho que vamos lhe deixar lá no meio daqueles infelizes. Eles vão gostar de você.

— Não faça isso. Diga o que tenho de fazer para cooperar com o comando.

— Bom rapaz! Assim será melhor. Você receberá as instruções.

Chamando um assessor pelo nome de Astolfo, o chefe determinou que orientasse Robson no trabalho que deveria desempenhar.

— Venha, Robson. Vou lhe ensinar.

Astolfo levou Robson para uma sala. Era a área administrativa da organização, mas nem assim era um local agradável. O mau cheiro, a atmosfera densa e com pouca luz, paredes grossas e úmidas proporcionavam um ambiente completamente inóspito.

— Seu trabalho aqui será montar equipes e orientá-las para conseguirem maior êxito junto aos encarnados, induzindo-os ao vício. Você sabe por experiência no tráfico que nosso público alvo é o jovem. A principal concentração deles fica nos ambientes escolares. Esses jovens geralmente são filhos de pais que se veem preocupados em adquirir bens que os fazem se destacar na sociedade, negligenciam o contato e o carinho, sob o pretexto de estarem construindo um patrimônio para os filhos, deixando-os carentes de afeto e orientação para a vida.

Isso geralmente acontece nas classes média e média alta da sociedade. Esses jovens carentes encontram nos amigos e colegas o apoio que lhes falta em casa. Nesses casos, eles priorizam o grupo, passando a agir mais de acordo com as normas estabelecidas pela turma. Aí começam a aparecer os líderes que passam a ditar as normas. Quanto mais ousado, mais respeitado.

O envolvimento com as drogas se torna a maneira mais eficiente de o indivíduo conseguir a liderança do grupo, além de proporcionar ilusórios prazeres. Começam a aparecer também as disputas pelas garotas mais bonitas e talentosas, os líderes têm mais chances de conquistar essas garotas e os chamados "caretas" são aqueles medrosos que ainda seguem as normas traçadas pelos pais e pelo comportamento normal ditado pela sociedade.

Pelo lado das garotas, também elas disputam a atenção dos líderes e, para interessá-los, têm que adotar posturas anticonvencionais, temendo ser consideradas caretas. Você pode observar como o jovem isolado é tímido, mas em grupo se torna corajoso até para enfrentar os valores e normas instituídas. Temos que explorar os grupos.

Por outro lado, nas classes menos favorecidas, geralmente residentes em comunidades, o jovem é levado ao uso das drogas por outros fatores. O primeiro deles é a idolatria pelo chefe do tráfico. O traficante é o indivíduo que tem maior poder aquisitivo na comunidade, o maior armamento e o maior número de comparsas que o protegem. Ele assume o papel de protetor da população, atuando em áreas onde o poder público deixa a desejar. O traficante se torna um verdadeiro líder na comunidade, invejado por todos. Isso você deve conhecer bem, não é?

Robson se limitou a baixar a cabeça numa atitude de concordância com seu instrutor.

— Os garotos da comunidade também, regra geral, passam a ser os maiores comerciantes do pó, por não sofrerem as penalidades da lei, devido à menoridade. Assim, pelo constante contato com a droga, ficam tentados a experimentar, além da necessidade de acompanhar seus clientes mais privilegiados economicamente e com maior sucesso com as garotas. Aliás, as garotas da comunidade, assim como as outras, têm que se sobressair para chamar a atenção.

Robson, você não é um soldado raso. Aqui no Vale do Vício, você pode contribuir muito para difundir a droga entre os encarnados. Somente assim manteremos abastecidos esses infelizes dependentes. O dinheiro aqui é o pó plasmado dos fluidos dos encarnados.

O rapaz realmente tinha talento e experiência para a função que passara a exercer com eficiência, orientando e traçando estratégias para as equipes encarregadas da obsessão e indução de jovens ao uso, primeiramente da maconha e, posteriormente, da cocaína e do crack.

***

Numa manhã, d. Inês chamou na porta da casa:

— Bom dia, d. Marta!

— Bom dia, d. Inês! Vamos entrar.

Logo que entrou, a mulher foi dizendo:

— Vim aqui para lhe dar notícias da Gisele. Ontem, meu filho ficou sabendo que sua filha está numa casa de prostituição. Não pense que quero lhe trazer tristezas, mas acho que você tem o direito de saber.

D. Marta, apesar de já estar esperando por uma má notícia, assustou-se com aquelas palavras, que lhe doeram no fundo do coração.

— É mesmo, d. Inês? E como ela está? Ele esteve com minha filha? Qual é o endereço do local?

— Ele não me disse o endereço, apenas disse que fica num bairro próximo daqui, numa avenida onde existem muitas casas de prostituição.

— Obrigada, d. Inês, por me dar notícias da minha filha. Meu coração já não aguentava mais de tanta preocupação.

Logo que d. Inês saiu, d. Marta, ainda envolta pelos pensamentos em Gisele, chorou a dor de uma mãe inconformada. Lembrava-se da filhinha querida ainda começando a dar os primeiros passos. Quanta esperança de que ela se tornasse uma moça honrada.

***

No plano espiritual, Robson ganhava prestígio comandando as equipes de obsessores que cada vez mais conseguiam induzir jovens encarnados a se entregarem aos vícios. Com isso, os obsessores se tornavam mais abastecidos pelos fluidos dos encarnados drogados que constituíam mais "moeda" no Vale do Vício. Aos poucos, a sala de comando do Robson se tornava mais fortalecida. Guardas por todos os cantos para proteger o estoque de pó que seria usado como pagamento pelos serviços dos subalternos.

Assim, o quartel general foi agregando aqueles mais inteligentes e as estratégias começaram a mudar. Iriam direcionar os obsessores para os chefes dos traficantes, no plano material, e isso Robson conhecia bem. O trabalho estava dando certo. Intuindo melhor o traficante, a rede de distribuição aumentava, uma vez que a demanda também havia aumentado devido ao trabalho dos obsessores junto aos encarnados, principalmente os adolescentes.

Todavia, com o aumento do poder do tráfico, a polícia passou a ser mais atuante, promovendo ações no sentido de colocar o comando do tráfico na cadeia ou aumentar as propinas para fazer vistas grossas. Muitos dos principais chefes do tráfico estavam em presídios de segurança máxima, sem ação, o que desfalcava consideravelmente a organização. Mas Robson era esperto e passou a estudar as maiores dificuldades que os comandantes do tráfico estavam encontrando para se livrar da polícia. Precisava encontrar um meio mais seguro de se comunicarem, porque os rádios transmissores não eram confiáveis.

— Quero uma reunião, aqui na minha sala, com as principais inteligências da área da comunicação - disse Robson ao alto comando.

Imediatamente, a equipe se reuniu sob a coordenação dele, que tomou a palavra:

— Os cientistas encarnados, principalmente dos países mais adiantados tecnologicamente, estão desenvolvendo novas técnicas de comunicação. O mundo necessita aprimorar o sistema de telefonia, que pouco evoluiu desde seu descobrimento. Após as viagens dos astronautas ao espaço, vem-se adaptando muitos inventos empregados nas naves espaciais, em benefício dos habitantes da Terra. Precisamos unir nossas inteligências e intuir os encarnados porque, se eles descobrirem algo novo nesse campo, nós também seremos beneficiados. Quero que passem a observar as conquistas terrenas nesse sentido. Intuam seus conhecimentos aos cientistas da Terra para desenvolvermos um sistema mais seguro e fácil de comunicação entre os traficantes da Terra, sem que a polícia possa interceptar.

Assim, foram juntadas as inteligências dos encarnados e as inteligências das trevas, nascendo um telefone móvel (celular) que proporcionou tanto conforto para a humanidade, mas que, por outro lado, fortaleceu as facções criminosas, facilitando-lhes o gerenciamento das ações do tráfico em todos os sentidos, sem que a polícia conseguisse interceptar. Até os líderes presos passaram a comandar ações de dentro dos próprios presídios. Assaltos passaram a ser organizados em ações sincronizadas por meio da comunicação pelo celular. Sequestros passaram a ser planejados com facilidade e rebeliões em presídios deflagradas simultaneamente em vários locais.

O grande passo que a humanidade deu no sentido do desenvolvimento tecnológico também teve seu lado em benefício das trevas, porque o homem evoluiu tecnologicamente, mas não se desenvolveu na mesma proporção no campo moral.

9. Um cliente estranho

Na casa de d. Marta, viviam-se momentos de paz, apesar da enorme tristeza daquela mãe pela vida que a filha escolhera. João Pedro havia decidido se casar. Denise era uma boa moça e eles se amavam. D. Marta também gostava muito da nora e fazia gosto no casamento do filho. Após os preparativos, os noivos se casaram sem nenhuma cerimônia além das exigências do cartório, onde estavam presentes Estevão, d. Marta e algumas testemunhas do círculo de amizades do casal. Gisele nem ficou sabendo. A partir daí, na casa de d. Marta ficou apenas Estevão, que passou a se dedicar mais à mãe, devido à ausência de João Pedro.

Gisele estava cada vez mais mergulhada nas drogas e o atendimento aos clientes também já não era o mesmo. Com isso, o dinheiro começava a faltar. Às vezes, ela ficava devendo aos traficantes, o que gerava constantes conflitos e ameaças. Certa noite apareceu na casa de madame Sofia um homem estranho, corpo desengonçado e uma maneira de caminhar também esquisita. Dirigindo-se a Gisele, foi logo dizendo:

— Mulher. Vou ficar com você!

— Sim, vamos.

Depois que entraram no quarto, ele perguntou:

— Como é seu nome?

— Kelly, mentiu Gisele.

— Há quanto tempo está aqui na casa de madame Sofia?

— Já faz algum tempo, nem eu mesma sei - mentiu novamente.

— Quero uma bebida.

— Que quer tomar?

— Vodca.

— Vou pedir para você.

— A mulher pegou o interfone e pediu a vodca para o cliente. Começava a ficar com medo daquele homem, pensando em se livrar dele rapidamente. Mas, com a bebida que pedira, viu que não seria tão rápido.

Ao receber a bebida, o sujeito tomou o primeiro gole e acendeu um cigarro.

— Moço, eu tenho que atender outros clientes também.

— Esta noite você está por minha conta.

— Terei que marcar o tempo, pois é assim que funciona aqui.

Ele não respondeu. Tomou mais um gole da bebida e disse:

— Hoje senti saudades do meu amor. Quero afogar a saudade.

Gisele nada respondeu e se despiu, tentando resolver logo aquela questão.

— Quer mais uma dose? - perguntou, pensando que talvez fosse uma boa estratégia embriagá-lo.

Ele deu mais um trago no cigarro e perguntou:

— Gosta do pó?

— Raramente uso - Gisele voltou a mentir.

— Tenho mercadoria de primeira...

Novo silêncio se fez. O homem se despiu em modos grosseiros, quase animalescos, e se deitou, chamando-a para perto de si.

Ao sair, o sujeito acertou o que devia sem dizer mais nenhuma palavra. Dirigiu um olhar enigmático à Gisele e saiu sem se despedir. Era a primeira vez que ela sentia medo de um cliente. Aquele homem era muito estranho e parecia que sabia de alguma coisa a seu respeito. Naquela noite ela não atendeu mais a nenhum cliente. Estava apavorada; pensava em fugir dali o quanto antes, mas ir para onde?

Envolta nesses pensamentos, não conseguia dormir. Precisava usar droga, mas não tinha mais nenhuma. Comprar àquela hora, não conseguiria. Chegou a se arrepender de não ter aceitado a oferta daquele sujeito.

No dia seguinte, amanheceu indisposta, irritada, cansada... O jeito era comprar a droga e usar, afinal teria o dia todo para se recuperar para o trabalho da noite. Pensando assim, comprou o pó e usou enquanto aguentou, caindo na cama em seguida. Ao acordar, tinha sonhado com o irmão, sentiu saudades e disse para si mesma:

— Preciso deixar essa droga. Preciso retornar à minha vida, mas como? Não consigo... Tenho saudades... Muitas saudades...

Quando estava com Robson, gostava dele e recebia carinho. Agora, aqueles homens a tratavam como se não tivessem sentimentos. Queriam apenas prazer, pagavam e saíam com se saíssem de um vaso sanitário, onde realizaram suas necessidades fisiológicas. Essa comparação fez com que tivesse nojo de si mesma. O dinheiro que recebia mal dava para pagar suas despesas com madame Sofia e para comprar o pó, que usava para fugir daquela infame realidade.

Dias depois, o sujeito apareceu novamente procurando por Kelly. Gisele tentou se esconder, alegando que estava com outro cliente, mas ele insistiu. Outra moça da casa não servia, tinha que ser Kelly. Diante da insistência do estranho, Gisele não teve alternativa a não ser aceitar.

— Kelly, peça minha vodca.

— Vou pedir, mas não posso ficar todo o tempo com você.

Era uma desculpa que ela procurava para se livrar mais rapidamente. E a cena se repetiu. Quando ele se deitou, Gisele ofereceu-lhe um preservativo.

— Use, moço. Não podemos nos expor. É segurança para nós dois.

— Não gosto disso!

— Sem o preservativo, eu não aceito! - afirmou Gisele.

Mas o homem a empurrou, jogando-a na cama e não lhe proporcionando alternativas.

A situação acabou se tornando rotina e Gisele foi se acostumando com aquele homem que pagava bem nas noites que aparecia na casa. Era um dinheiro a mais para comprar cocaína e satisfazer o seu vício.

Passaram-se os tempos, até que Gisele começou a ter umas sensações estranhas. Passou a enjoar, tendo vômitos constantes. A princípio, pensou ser efeito das drogas, mas observou que estava enjoando até da droga e, mesmo sem usá-las, os vômitos continuavam. Madame Sofia foi informada sobre o comportamento estranho de Gisele e mandou chamá-la.

— Quero que faça o teste de gravidez. Você não está usando preservativos, conforme a norma da casa?

— Sim. Estou, Madame Sofia - mentiu.

— Mesmo assim, quero esse teste hoje mesmo. Não quero complicações com minhas meninas.

Quando chegou o resultado, havia dado positivo. Gisele estava grávida.

— Madame Sofia, conhece aquele homem estranho que vem sempre aqui e exige ficar comigo? Ele me obrigou e eu tive medo de reagir - tentou justificar.

— Então, você vai esperar que ele apareça novamente e vai exigir que lhe dê dinheiro para fazer o aborto.

— Sim, madame. Farei isso.

Passados alguns dias, o homem apareceu, pediu a vodca e, enquanto tomava, Gisele explicou o que estava acontecendo. Ele ficou nervoso, dizendo que aquilo era problema dela. Que ela devia ficar com muitos outros homens. Então, como podia afirmar que o filho era dele?

Depois de esbravejar, concordou em levar o dinheiro na semana seguinte, mas simplesmente desapareceu. Madame Sofia pressionava, mas Gisele também não se empenhava para a realização do aborto, porque sabia de muitas mulheres que haviam morrido ao se submeterem clandestinamente ao processo.

Na verdade, tudo isso fazia parte de um plano montado por Junior, para evitar o procedimento criminoso que leva as pessoas a graves complicações no mundo espiritual. Essa situação foi se arrastando por vários meses, até que Gisele deixou de ter condições de receber seus clientes. Foi quando a cafetina a chamou e disse:

— Nesse estado, não posso continuar com você em minha casa. Eu lhe avisei sobre as regras, mas você não obedeceu. Mandei que fizesse o aborto, mas você não fez, preferindo comprar drogas com o dinheiro que lhe sobrava. Já que não tem como pagar o aluguel do quarto, quero que o desocupe o mais brevemente possível.

Aquela ordem caiu feito uma bomba na vida de Gisele. Apesar de saber que a situação era complicada, ela ia sempre adiando a solução. Aliás, essa é uma característica comum do dependente de drogas: não cuidar de suas coisas, às vezes nem mesmo de sua higiene pessoal, além de adiar decisões importantes, preferindo viver o momento e não se preocupar com o futuro, confiando que na hora oportuna possa recorrer a alguém, principalmente à família. O dependente não consegue tomar uma atitude, mesmo sabendo que as pessoas queridas vão sofrer as consequências de sua negligência. É por isso que os cursos do "Amor exigente" são dedicados principalmente aos familiares, que se tornam codependentes das drogas.

O "Amor exigente" instrui os familiares a não deixar de responsabilizar o usuário pelos seus atos, apesar de toda carga emocional que a situação envolve. Exigir é também uma forma de amor. Mas quando os laços afetivos são fortes, como no caso de mãe, pai e irmãos, geralmente não se tem coragem de deixar que o usuário sofra consequências mais drásticas. D. Marta era prova disso, ela não tinha coragem de negar abrigo à filha mesmo com Gisele criando tantos problemas.

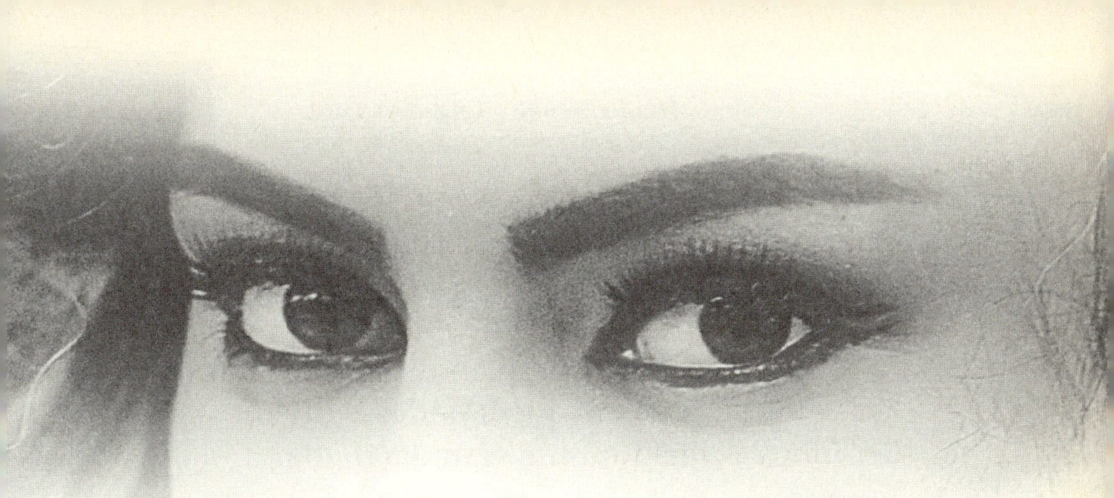

10. Uma vida de sofrimentos

Gisele agora estava numa situação delicada: grávida, sem recursos para se manter e sem um lugar para morar. Ao sair da casa de madame Sofia, procurou o centro da cidade, certa de que encontraria uma marquise ou outro abrigo para passar a noite. Andou sem rumo pelo centro, até que encontrou um cantinho. Enrolou-se num cobertor que levara consigo e adormeceu.

Na manhã seguinte, foi despertada pelo movimento das pessoas que se dirigiam ao trabalho. Esperou um pouco para se levantar. O corpo doía, pois ela não estava acostumada a dormir no chão de cimento duro. Eram oito da manhã quando se levantou. Sentiu fome e não tinha nada para comer. Precisava carregar o cobertor, pois não tinha onde guardá-lo.

Andando sem rumo, parou próximo a uma lanchonete, onde várias pessoas tomavam o café da manhã. Não teve coragem de pedir. Sentou-se ali e não demorou muito para uma pessoa lhe oferecer a sobra de seu lanche. Gisele comeu e bebeu também o suco que havia sobrado no copo de plástico descartável.

Havia satisfeito o estômago, mas uma tristeza enorme tomou conta de si. Tornara-se uma mendiga, uma moradora de rua. Há pouco tempo tinha uma casa confortável, tinha amor, carinho, e estudava em um bom colégio. Tinha planos de se formar, encontrar uma pessoa com quem pudesse dividir sua vida, ter filhos e constituir uma família digna.

Na época do colégio, era aluna dedicada e tirava boas notas. Um dia, se encantou por Marcos, vocalista de uma banda de rock. Rapaz bonito, descendente de família conceituada e disputado pelas garotas do bairro. Gisele passou a acompanhar a banda, e entrou para o fã clube do rapaz, que se sentia envaidecido pelo assédio das garotas. Marcos começou a experimentar maconha, para se sentir mais solto no palco. Realmente, sob o efeito da droga, parecia tocar e cantar com mais alegria. Gisele se colocava cada vez mais próxima do rapaz que, a princípio, apenas "ficava" com ela, mas com o tempo passaram a namorar.

Na escola Gisele era invejada pelas colegas e isso era mais um motivo de vaidade e orgulho para a garota, que se exibia. Com o tempo, passou a frequentar a casa do namorado, ficando muitas horas no quarto com ele, a pretexto de estarem ensaiando. Marcos usava droga naqueles momentos e oferecia para a namorada, que sempre recusava.

Outras amigas de Marcos também passaram a frequentar os ensaios e a usar drogas, a pretexto de se tornarem mais inspiradas. Gisele foi ficando deslocada do grupo e até preterida pelo rapaz, que dava mais atenção às outras do que a ela. Gisele começou a sentir ciúmes e raiva daquelas garotas que se ofereciam descaradamente ao seu namorado e ele, de vez em quando, saía com uma delas.

Gisele percebeu que a situação ficaria difícil se ela não entrasse também nos embalos da droga, assim resolveu experimentar maconha. Sentiu náuseas, dor de cabeça e pareceu-lhe que o mundo rodopiava. Saiu discretamente, foi até o banheiro e vomitou, tomando o cuidado de não deixar que percebessem que passava mal.

No sábado seguinte, haveria um show em que a banda de Marcos iria tocar. Novamente Gisele usou a droga, mas em dose menor. Dessa vez, sentiu euforia. Naquela noite, parecia-lhe que tudo era mais colorido, os sons eram mais intensos e, mais tarde, fez sexo com Marcos como nunca havia feito.

Nessa época, d. Marta pedia à filha que não voltasse tão tarde das baladas, mas Gisele argumentava que era estudiosa, tirava notas boas, ajudava nas tarefas da casa e ainda ajudava Junior nas tarefas escolares, e que somente se divertia em alguns dias da semana. Apesar de não concordar com a filha, d. Marta não tinha meios para convencê-la, e terminava cedendo diante daqueles argumentos.

Com o passar do tempo, Marcos se desinteressou do namoro e logo colocou outra garota no lugar de Gisele, que viu seu castelo se desmoronar. Entrou em profunda tristeza, fazendo tudo para chamar a atenção, mas o rapaz a evitava, deixando-a ainda mais depressiva. Foi nessa época que Gisele se refugiou nas drogas e daí para frente não conseguia mais viver sem ela.

Agora, lembrava-se dos conflitos que havia causado à família e se via no fundo do poço. Como tudo havia dado errado em sua vida! Quantos sonhos frustrados! Como as coisas poderiam ser diferentes, se tivesse escutado os conselhos da mãe...

Após muito refletir, Gisele resolveu procurar um albergue. Conhecia e sabia que lá poderia tomar banho e alimentar-se. Ao chegar ao abrigo, foi recebida pelos assistentes sociais que fizeram seu cadastro. Quando tentaram convencê-la a retornar para casa, a moça não aceitou, pois não tinha coragem de encarar a mãe e principalmente os irmãos. Passou a dormir no albergue e, durante o dia, perambulava pelas ruas para mendigar. Era assim que arrecadava dinheiro para comprar drogas.

Com o passar dos meses, sua barriga foi crescendo e naquele estado ela não conseguia nem fazer um "programa" para arranjar dinheiro. Em compensação, as pessoas se sensibilizavam com seu estado de gravidez e procuravam ajudá-la. Gisele já não tomava banho todos os dias e andava com a roupa suja e rasgada. Tudo isso ajudava a sensibilizar as pessoas, aumentando a arrecadação.

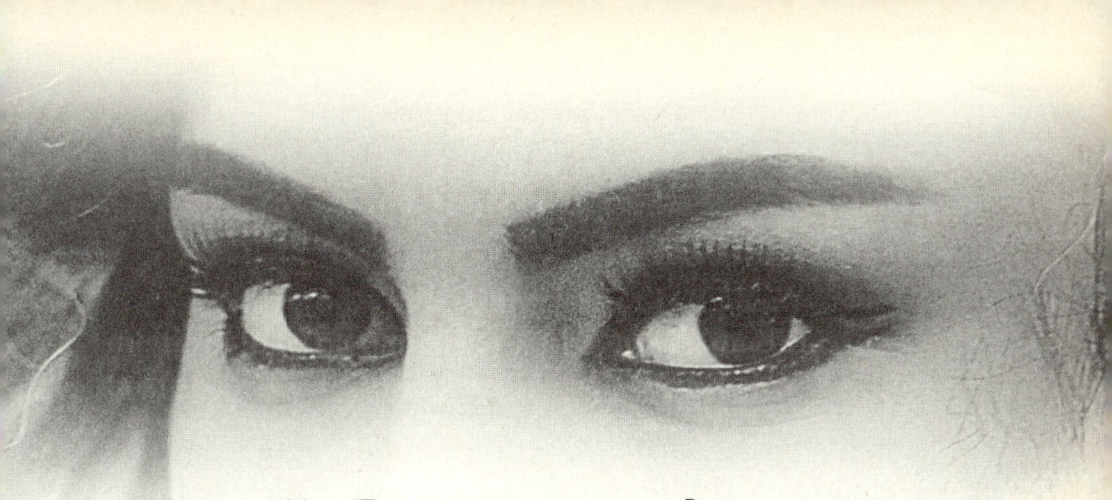

11. Recomeçando

Aos domingos, a Casa Espírita fornecia alimentação para os moradores de rua e d. Marta era uma das voluntárias que realizava esta tarefa. Certo dia, quando distribuía o alimento embaixo de um viaduto, ela sentiu um calafrio pelo corpo, pois havia visto uma mulher com as roupas sujas e a barriga enorme de quem está nos últimos meses de gravidez. Ela havia recebido o alimento de uma companheira de tarefa e atravessara a avenida. D. Marta tentou segui-la, mas o sinal abriu para os carros, obrigando-a a recuar. Quando o semáforo abriu novamente para os pedestres, a moradora de rua já havia desaparecido.

D. Marta não conseguia tirar a imagem daquela mulher do pensamento e sua intuição de mãe lhe dizia para ir à procura dela, afinal, a semelhança com Gisele era muito grande, apesar de ela jamais imaginar a filha naquelas condições.

Durante a semana, d. Marta passou várias vezes pelo local, tentando encontrar a tal mulher e tranquilizar seu coração. Esperou o domingo seguinte e, quando novamente saíram para as entregas, ela avisou à companheira que a chamasse, caso a grávida reaparecesse. No local, os moradores de rua já aguardavam. A equipe reuniu as pessoas que seriam atendidas e fizeram a prece costumeira, agradecendo a Deus pelo alimento e pedindo em favor de todos os que doaram gêneros para a refeição. Quando a prece estava terminando e os voluntários ainda estavam de mãos dadas, d. Marta viu a mulher, agora de perto, e não teve dúvidas: era Gisele. Correu até ela que, ao ver a mãe, tentou fugir, mas foi segura pelo braço.

— Minha filha! - gritou d. Marta, com o coração agitado e lágrimas descendo em abundância pela face. — Ó Senhor, eu pedi que ajudasse a encontrar a minha filha e ela veio até mim. Eu sabia que o Senhor a traria de volta, nunca duvidei disto. Obrigada, senhor! Muito obrigada! Agora meu coração poderá ficar em paz.

As pessoas que estavam por perto se emocionaram ao ouvir a prece daquela mãe, agradecendo por encontrar a filha. Gisele teve um ímpeto de correr, mas as mãos de d. Marta, no momento em que ela fazia a prece, seguravam firmes os braços da filha.

— Mãe, deixa-me ir. Eu não mereço o seu amor... Sou fraca. Deixei as drogas, me dominarem. Desci aos mais indignos caminhos, me prostituí para sobreviver... Meus irmãos têm razão, eu não mereço viver na companhia de vocês. Oh, meu Deus, se eu pudesse viver sem essa droga! Queria merecer o amor da minha família, mas não sou digna. Peço perdão pelo que fiz, quero que peça perdão aos meus irmãos, por mim. Eu amo vocês, mãe. Sei que fizeram tudo por mim. Ah... Se eu pudesse voltar o tempo... Eu faria tudo diferente. Iria lhe ouvir, mãe; iria seguir seus conselhos. Mas agora não tem jeito, meu lugar é aqui, e é aqui que vou pagar os meus pecados. Logo estarei deixando este mundo, porque não há como sobreviver muito tempo com a vida que venho levando. Quero apenas o perdão de vocês e que peçam a Deus por mim.

— Que é isso, minha filha? Onde tem Deus não há nada perdido. Você vai comigo, vai se tratar, e ainda seremos uma família feliz. Venha, minha filha. Onde não tiver lugar para você, não haverá para mim também. Seus irmãos vão entender, eles a amam também.

A distribuição de comida já havia terminado e os companheiros de tarefa se mantinham à distância, respeitando a dor de mãe e filha que se reencontravam naquelas circunstâncias. Quando as duas se acalmaram, eles se aproximaram para fazer uma prece de agradecimento pelo trabalho realizado. Naquele dia, havia um motivo maior para agradecerem. Deram-se as mãos e acompanharam a prece que D. Rosa pronunciou:

— Deus de amor e bondade, queremos agradecer pelo trabalho de hoje. Nesse dia abençoado por nosso mestre Jesus e pelos mentores de nossa tarefa, pudemos presenciar o reencontro dessas duas filhas do seu amor. Que essas bênçãos se estendam aos nossos lares e, principalmente, ao lar de d. Marta, iluminando os caminhos dessas duas almas que se propõem a caminhar juntas, vivendo o amor que foi destinado às mães e aos filhos unidos pelos laços de vossos desígnios. Assim seja!

Mais calma, Gisele aceitou a ideia de acompanhar a mãe. Juntou as roupas malcheirosas e entrou no veículo que conduzia o grupo. D. Rosa pediu ao motorista que deixasse d. Marta e a filha em casa, antes de retornarem à Casa Espírita. Depois seguiram para o Centro, onde deixariam o material da tarefa, e fizeram nova prece, pedindo bênçãos para a companheira e sua filha.

Quando d. Marta e Gisele chegarem em casa, Estevão havia saído. Foi um bom momento para que mãe e filha, agora a sós, pudessem conversar.

— Gisele, agora me conte tudo. Você está grávida. Cadê o pai desta criança? Como aconteceu?

— Vou contar tudo, mãe.

E Gisele narrou sua história em detalhes. A mãe ouvia tudo, esforçando-se para disfarçar e conter as lágrimas de estupefação.

— Coragem, minha filha! Agora você tem sua família para lhe apoiar, para ajudar a criar o seu filho. Agora você terá um motivo maior para lutar contra as drogas: o seu filho. - d. Marta achava que a concepção de um bebê faria com que Gisele encontrasse forças e motivo para lutar contra as drogas. — Agora você vai tomar um banho, escovar os dentes e cuidar desse cabelo empastado de sujeira.

Quando Gisele entrou para o banho, Estevão chegou.

D. Marta recebeu o filho com alegria, mas apreensiva com a reação dele.

— Quem está no banheiro, mãe? - perguntou o rapaz, ao ouvir o barulho do chuveiro.

— É Gisele, meu filho.

— Gisele?... O que essa vadia está fazendo aqui? Ela não tem vergonha? Como tem coragem de voltar aqui, depois do que aconteceu?

— Calma, meu filho! Vou lhe contar tudo, mas fique calmo. Você vai compreender...

— Não vou compreender nada. Com ela aqui, eu não fico. Se ela voltar para esta casa, eu saio.

D. Marta percebeu que novamente teria um grande problema pela frente. Precisava amaciar o coração do filho. Em breves instantes, elevou o pensamento a Deus pedindo força e discernimento para enfrentar a situação.

— Estevão, sua irmã está grávida.

— Grávida?... Ela que vá criar seu filho onde o arrumou.

— Tenha calma, Estevão, deixe-me falar. Vou lhe contar tudo... Você vai entender.

D. Marta contou tudo a Estevão, procurando detalhar os fatos para sensibilizá-lo. Sabia que não era justo onerar um filho bom, que sempre cumpria com suas obrigações, inclusive ajudando a manter as despesas da casa, para socorrer uma filha que sempre causou problemas e prejuízos. Mas logo pensou: "Uma mãe não acolhe em primeiro lugar o melhor filho, mas o que mais necessita, e era assim que seu coração pedia".

E novamente se lembrou dos ensinamentos de Jesus, principalmente da parábola do filho pródigo. Quando parou de falar, Estevão já havia aquietado o coração e estava mais compreensivo.

— Mãe, como é que a Gisele vai criar o filho? Ela é dependente de drogas.

— Meu filho, vamos nos preparar para o que vem pela frente. Ela vai ter o filho aqui e poderá até abandoná-lo em função da dependência, mas essa criança não tem culpa dos atos da mãe. Ele é meu neto e sobrinho seu. Não podemos deixar de acolhê-lo. Foi Deus que me encaminhou até Gisele, nesse momento de sua vida. Deus, acima de tudo, está protegendo essa criança inocente, mas, sem a nossa ajuda, ela não terá como sobreviver. Vamos fazer o que Jesus nos ensinou e espera de nós: vamos amar a quem nos prejudicou. Você não se lembra da passagem de *O Evangelho segundo o Espiritismo*, quando diz para amarmos os inimigos? Essa forma de amor é a mais difícil de ser exercida, mas é a que nos proporciona maiores méritos. Sigamos os exemplos do nosso mestre Jesus; ele sacrificou sua vida para nos ensinar a perdoar. Ele nos mostrou que, quando perdoamos, somos os maiores beneficiados.

— Mas ela vai aprontar novamente. Eu conheço pessoas dependentes. Elas sempre voltam a cometer os mesmos erros.

Diante das palavras de Estevão, d. Marta percebeu que o filho já admitia a possibilidade de acolher a irmã. Naturalmente, iria estabelecer algumas condições, mas isto até que seria justo.

— Vamos esperar que Gisele tenha o filho e, após o período de amamentação, podemos interná-la numa clínica de recuperação. Nem tudo está perdido, meu filho!

Estevão achou a ideia boa. Se a irmã não aceitasse ser internada, naturalmente iria aprontar e sair novamente de casa.

Quando Gisele saiu do banho, Estevão evitou se encontrar com ela, que foi direto para o quarto, também dando um tempo para que as coisas acontecessem gradativamente. D. Marta se sentiu vitoriosa na batalha de sensibilizar o filho. O desafio agora era João Pedro, por ser mais radical que o irmão. Entretanto, como não morava mais naquela casa, talvez nem se importasse tanto, pois não estaria exposto às mazelas de Gisele.

O sentimento de amor começava a contagiar a futura avó, que já fazia planos para receber o neto, antevendo a presença de uma criança correndo e enchendo de alegria aquela casa que ficara tão triste depois da morte de Junior. Era como se o filho que havia perdido estivesse retornando no corpinho daquela criança, que iria preencher parte da lacuna deixada por Junior.

Novamente d. Marta teria que comprar roupas para Gisele. Novas despesas afetariam o orçamento apertado da família. Estevão procurou um chaveiro para instalar fechaduras na porta do quarto e nas gavetas, temendo novo ataque da irmã. João Pedro, que passava na casa da mãe regularmente, quando ficou sabendo da presença de Gisele também se manifestou contrário, temendo novos problemas, mas, devido ao estado deplorável em que ela fora encontrada, acabou por aceitar, movido pelos sentimentos fraternais.

O tempo se passou e Gisele foi levada a um hospital, para os exames pré-natais, quando ficou constatado que esperava um menino. Mais uma vez, d. Marta associou o nascimento do neto, à perda do Junior, aumentando ainda mais a expectativa de sua chegada. Até Estevão se entusiasmou com a chegada do sobrinho, apesar de todos temerem a influência das drogas na gestação e nas condições de saúde daquela criança.

Gisele sentia falta da droga, o que a deixava nervosa, desencadeando crises de depressão. Percebia-se claramente que não estava preparada para a maternidade. Isso preocupava d. Marta, que passou a temer a relação entre mãe e filho.

Era uma noite, já bem tarde, quando Gisele começou a sentir dores. A princípio, estava em dúvida se seria o momento do parto e esperou o quanto pôde, temendo incomodar a mãe com um alarme falso, afinal, já havia causado muitos problemas e se sentia constrangida em incomodá-la ainda mais. Na verdade, havia regressado para o lar, mas ainda se sentia indigna da família, o que não a deixava à vontade em sua própria casa.

Com o passar do tempo, as dores que se apresentavam espaçadas passaram a se manifestar em intervalos menores e com mais intensidade. Não houve jeito, teve que chamar a mãe à porta do quarto:

— Mãe...

D. Marta não respondeu e ela resolveu bater.

— Que foi, Gisele? - d. Marta perguntou, por fim.

— Estou sentindo dores.

— Estou indo, minha filha! Acalme-se. Vamos para o hospital, vou chamar o taxi.

Imediatamente, d. Marta ligou para um taxista seu amigo, que já estava informado sobre a possibilidade de ter de fazer uma corrida de emergência a qualquer momento.

Chegando ao hospital, Gisele foi conduzida à sala de parto. D. Marta fazia o papel do pai, andando de um lado para outro no corredor. Momentos depois, uma enfermeira a chamou, informando que a criança havia nascido, e que tanto a mãe como o bebê passavam bem. A avó havia montado vigília em frente ao berçário na expectativa de ver o neto. Ao colocar o bebê no berçário, a enfermeira apresentou-lhe a criança através do vidro.

D. Marta havia comprado um berço e todo o enxoval para o recém-nascido, com exceção das roupinhas que havia ganhado da Casa Espírita, onde se fazia doação de enxovais para mães carentes.

A criança foi colocada no peito de Gisele para ser amamentada, seguindo as orientações do pediatra, mas ela não tinha leite e a criança chorava constantemente. Foi necessário fazer uma complementação alimentar, apesar de d. Marta sempre insistir em colocar a criança no peito materno, na esperança de estimular a lactação da mãe. Gisele não conseguia amamentar e desistia da tentativa rapidamente. D. Marta percebeu que a insistência poderia aumentar a rejeição da mãe pelo filho.

A criança foi crescendo e se desenvolvendo, sempre cercada pelos cuidados da avó que fiscalizava as atitudes da filha. D. Marta percebeu que Gisele estimulava os cuidados dela para com o neto, como se estivesse preparando-a para assumi-lo definitivamente. O menino fora registrado com o nome de Sandro e recebera apenas o sobrenome da mãe, uma vez que o pai era desconhecido.

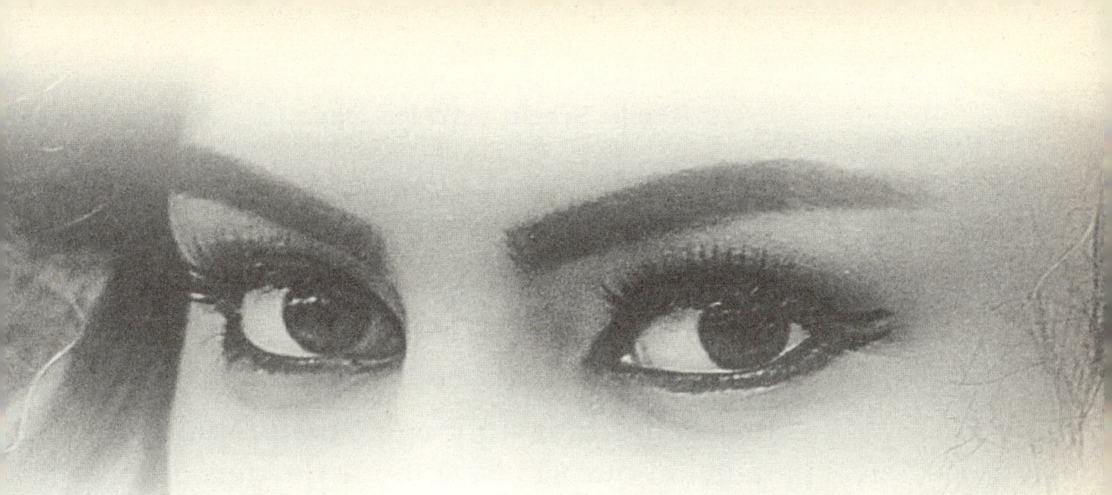

12. A internação de Gisele

Nos seis meses que se seguiram, d. Marta dava dinheiro a Gisele para comprar droga. Isso mantinha a filha mais calma e evitava que ela cometesse algum furto, ou abandonasse a casa e o filho. Quanto mais lhe dava dinheiro, mais ela queria, a ponto de a mãe não conseguir suprir-lhe as necessidades. D. Marta ligou para que João Pedro passasse em sua casa naquela noite e avisou Estevão para que não saísse, porque tinha um assunto sério a tratar com eles.

À noite, quando os filhos estavam reunidos, ela voltou a falar sobre a internação de Gisele. Para isso, necessitava que as despesas do tratamento fossem divididas entre os três. Os irmãos concordaram, pois tinham medo de que a irmã se tornasse muito agressiva quando a mãe não pudesse lhe dar o dinheiro para comprar as drogas, além de ser uma preocupação a menos dentro de casa. Além das despesas com a manutenção da moça na casa de recuperação, ainda tinham que custear uma creche para o Sandro para que d. Marta pudesse trabalhar, mas, mesmo assim, chegaram à conclusão de que seria a melhor solução.

Chamaram Gisele e lhe informaram sobre a decisão. Em princípio, houve resistência, mas, por medo dos irmãos que não lhe ofereciam alternativa, ela acabou concordando, na esperança de que o tempo passasse e nada se realizasse.

— João Pedro, temos que agir o mais rápido possível para evitar que sua irmã mude de ideia ou fuja de casa novamente, causando novos problemas. Não podemos dar tempo para que ela se arrependa - argumentou d. Marta, aproveitando que Gisele havia se retirado para o quarto.

— Pode deixar, mãe. Vou procurar uma clínica.

— Está bem, filho. Faça isto amanhã mesmo e à tarde me dê notícias.

Na tarde seguinte, João Pedro chegou com o nome e o endereço da clínica, além de uma orientação sobre as providências a serem tomadas para a internação. Havia avisado que faltaria ao trabalho. Na manhã seguinte, João Pedro chegou à casa da mãe em um taxi para levar Gisele. Quando a chamaram, ela reagiu de modo negativo.

— Eu não vou. As pessoas internadas têm que ficar muito tempo sem contato com os familiares. Não vou ficar tanto tempo sem o meu filho.

Gisele usava essa desculpa para tentar se livrar da internação, mas todos sabiam que ela não havia se ligado afetivamente a Sandro e não nutria por ele um sentimento maternal.

— Eu não posso ficar internada. Quero trabalhar para sustentar o meu filho. Vocês estão tirando ele de mim.

João Pedro deixou que a irmã fizesse toda a cena, enquanto d. Marta se mantinha calada, sem saber o que dizer.

— Chega, Gisele! - ele disse, por fim. — Eu não acredito nessa conversa. Pegue já as suas coisas e vamos logo, que o taxi está esperando. E quando chegarmos para a entrevista, não quero que faça drama. Agora o caso é comigo.

Dizendo isso, empurrou a irmã para o quarto, para que ela pegasse as roupas, enquanto ficava em pé ao lado dela, demonstrando autoridade. Gisele pegou as roupas com a cabeça baixa e saiu à frente do irmão que a colocou no taxi, juntamente com a mãe. A seguir sentou-se ao lado do motorista, mostrando a ele o endereço onde deveriam ficar.

Chegaram. João Pedro fez o pagamento da corrida, abriu a porta do lado de Gisele, que havia ficado parada, pegou-a pelo braço, fazendo-a descer e a acompanhou de perto até a recepção, sentando-se ao seu lado com um semblante austero. Logo chegou a recepcionista que encaminhou a moça para ser entrevistada. Após alguns instantes, a assistente social que fizera a entrevista comunicou à família que Gisele já seria encaminhada para a clínica e que poderiam pagar a primeira mensalidade na recepção.

Gisele, em companhia de uma monitora, foi apresentada às suas novas colegas, enquanto lhe eram mostradas as dependências da casa e as instruções sobre as normas que todas deveriam seguir. A rotina se constituía em se levantarem às seis da manhã, quando soava uma sirene. As internas deveriam tomar seus banhos, escovar os dentes e se apresentar às sete horas para a oração, feita no refeitório. Em seguida, era servido o café da manhã. Após o café, todas deveriam se apresentar para as suas tarefas.

A casa ficava afastada da cidade, com um vasto espaço onde eram cultivadas árvores frutíferas, além de uma horta para a produção de verduras e legumes que entravam na composição das refeições. Havia ainda um grande jardim arborizado, onde cultivavam uma grande variedade de flores.

Inicialmente, Gisele foi designada para o trabalho na horta. A moça se mostrava arredia e não aceitava as tarefas; dizia que não estava disposta a estragar as unhas no manuseio da terra. Normalmente, quando aconteciam casos como os de Gisele, a monitora recolhia a pessoa e a colocava no salão, sem nenhuma atividade, como assistir televisão ou ler qualquer tipo de livro ou revista. Ou seja, nada que preenchesse o tempo.

O almoço era servido às onze horas e depois havia um período de descanso até as quatorze horas, quando eram realizados cursos de costura, bordados e corte de cabelo, entre outros. Às dezessete horas, soava novamente a sirene, quando todas iam para seus quartos tomar banho. Às dezoito horas, nova oração e, a seguir, era servido o jantar.

As refeições eram servidas por voluntárias e por internas designadas para as tarefas da cozinha. Após o jantar, novo momento livre, até as 21 horas, quando todas deviam se recolher aos seus quartos e, quinze minutos depois, as luzes deveriam ser apagadas para que pusessem dormir e reiniciar a jornada na manhã seguinte.

De manhã, Gisele recusou-se a sair da cama, alegando indisposição. Novamente a monitora fechou a porta do quarto, obrigando-a a permanecer reclusa até o horário do almoço. Com isso, a moça decidiu enfrentar as tarefas, pois aquele isolamento lhe causava tédio. No dia seguinte, ela foi a primeira a se levantar e se colocar à disposição para o trabalho. Nunca havia se submetido à disciplina, mas o temor do isolamento fazia com que mudasse seu comportamento.

Em seu quarto dormiam mais três mulheres: Júlia, que regulava a sua idade; Dirce, que aparentava uns quarenta anos e Olivia, a mais velha, com um pouco mais de cinquenta anos. Júlia era tarefeira da horta, Dirce da cozinha e Olivia do jardim.

— Gisele, quase todas nós, quando chegamos aqui, enfrentamos a crise que você está passando, mas fique tranquila, pois isso passará. É importante que se dedique às suas tarefas. Elas vão lhe ajudar a vencer o vício. Nos momentos que sentimos falta da droga, o trabalho nos ajuda a suportar. Não pense que vai ficar longo tempo sem a droga, pense apenas que ficará só até amanhã; quando chegar amanhã, pense até depois de amanhã e assim por diante. O tempo vai passando, até que deixamos de sentir tanta falta - dizia Júlia, procurando orientar a colega.

— Há quanto tempo você está aqui?

— Vai completar sete meses.

— Quanto tempo a gente fica internada?

— Nove meses. É como se fosse uma gestação, onde nasceremos uma nova pessoa.

— Vou ter que ficar todo esse tempo sem sair daqui? Sem ver meus familiares?

— Não. Com três meses, você poderá receber a visita deles em domingos alternados. No próximo domingo, você verá as visitas de nossas colegas que já podem recebê-las. Com seis meses, temos o direito de passar um fim de semana em casa.

— Mas é muito tempo...

— Como lhe disse, não pense nesse tempo. Pense apenas até o amanhã.

— Eu tenho um filhinho. Tive que me afastar dele... Não vou ver meu filho crescer.

— Não pense assim. Você não quer deixar o vício?

— Sim, quero, mas não sei se vou aguentar.

Ao responder assim, Gisele começava a acreditar que aquela era a oportunidade de voltar a ter uma vida normal, sem o uso das drogas.

— Vamos lá. Vou orientá-la no trabalho da horta. Aos poucos, você vai se adaptar e tomar gosto pelas tarefas. De tempos em tempos, recebemos uma premiação pelos serviços prestados, se fizermos por merecer.

— Minha família está pagando para me manter aqui e eu ainda tenho de trabalhar? - perguntou Gisele. Ela não sabia que o trabalho fazia parte da terapia contra o vício.

No sábado, após o almoço, todas tinham a tarde livre para cuidar de suas coisas. Limpavam o quarto e lavavam as roupas. O domingo era festivo. Os familiares daquelas que já podiam receber as visitas apareciam e todas podiam conversar com os visitantes.

Um mês havia se passado. Gisele sentia uma necessidade quase insuportável da droga e começou a pensar em fugir dali. Numa manhã, durante o trabalho da horta, aproveitando o descuido da monitora, correu em direção ao portão, pensando em achar um meio de se libertar. Mas acabou detida. Irritada, tentava agredir as monitoras de todas as formas. Estava fora de si e uma força sobre-humana se apoderara dela. Por fim foi dominada e conduzida ao quarto, onde recebeu auxílio de uma psicóloga. Tivera uma crise de abstinência, mas foi convencida a permanecer e lutar contra o vício.

Na casa de d. Marta, havia ocorrido um período de paz. A esperança retornara àquele lar. Afinal, Gisele estava em lugar seguro, onde teria todas as oportunidades de se recuperar. D. Marta mal podia esperar para completar o tempo de ir visitar a filha. Sandro não manifestara nenhum sinal de que sentia falta da genitora, já havia se acostumado com a avó, que assumira efetivamente o papel de mãe.

Quando estava prestes a completar os três meses, d. Marta ligou para a clínica para se informar de como seria a visita. Disseram-lhe que ela primeiramente precisava fazer um curso. Esse curso era ministrado pela igreja católica, em dias específicos, geralmente à noite. Chamava-se "Amor exigente" e visava dar apoio aos familiares dos dependentes, principalmente pela troca de experiências entre os participantes e, sobretudo, para que o familiar se preparasse para o contato com o interno, instruindo para que não entrasse em conflito com as ações empregadas como terapia.

D. Marta descobriu que muitas famílias sofriam com o vício de seus entes queridos. Com isso, sentiu-

-se até confortada. Viu que existiam casos ainda mais complicados que o de Gisele. Ela não estava sozinha naquela luta e sua dor não era maior do que a dor de outras famílias.

Ali, d. Marta conheceu uma senhora que era agredida pelo filho, quando este exigia dinheiro para comprar drogas. Outra mãe tinha dois filhos presos. Um era casado com uma mulher cega, com quem tinha dois filhos que viviam com a avó. Ela os sustentava com sua pequena aposentadoria e com doações recebidas de uma Casa Espírita. Essa mulher ainda tinha que levar dinheiro para os filhos presos, porque, se eles ficassem sem dinheiro, acabavam comprando drogas dos traficantes que atuavam no presídio. Se não pagassem, os traficantes os matariam lá mesmo.

Esses casos faziam com que d. Marta agradecesse a Deus por não estar na mesma situação, fazendo com que empenhasse todos os recursos no sentido de recuperar a filha. Sabia que, se ela não se recuperasse, talvez o caminho fosse o mesmo das pessoas que conhecera no curso. Precisava dedicar muito carinho a Gisele, sem se esquecer de que amar não era aceitar tudo, mas também exigir respeito. Aprendera que nesses casos só o amor poderia reverter a situação.

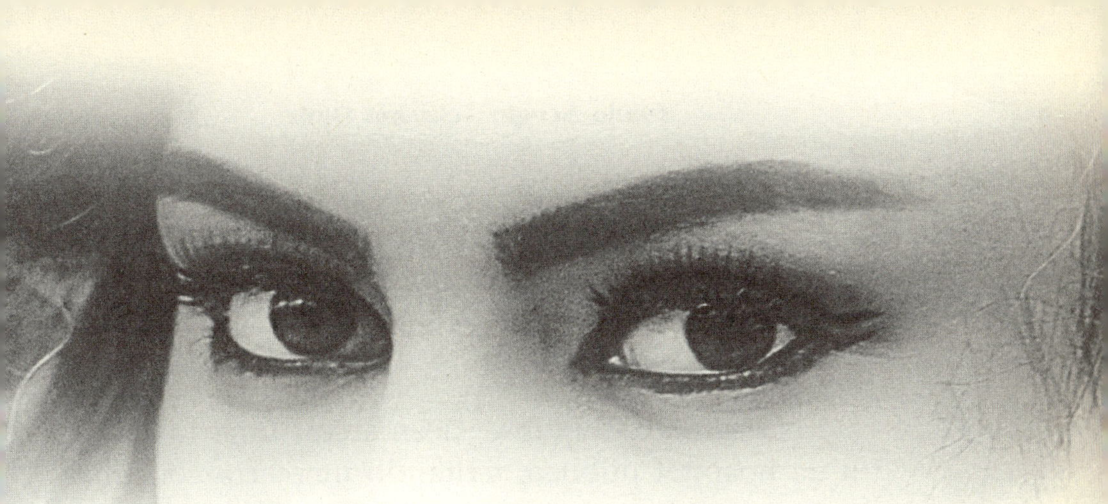

13. A recuperação

Em casa, d. Marta seguia sua rotina, até que numa tarde em que fora buscar Sandro na creche, recebeu um recado para que procurasse a direção, porque queriam falar sobre o menino. Ela já estava acostumada às reuniões da escola na época em que Gisele causava tantos problemas, mas Sandro, naquela idade, que problemas poderia causar? Por isso estranhou.

— D. Marta, a nossa pediatra constatou uma pequena irregularidade no desenvolvimento do Sandrinho. A senhora já levou a criança a algum neurologista? - perguntou a responsável pela creche.

— Não. Nunca notei nada de errado com ele. Nem o pediatra que cuidou dele, tempos atrás, disse algo a respeito.

— Mas o nosso pediatra aconselhou a senhora a levar seu neto a um neurologista. Ele suspeita que o Sandrinho não esteja se desenvolvendo como as demais crianças.

O coração da sofrida avó bateu forte. Ela sempre pensou que o uso de drogas pela mãe, principalmente durante a gestação, poderia afetar a criança, mas não havia dito a ninguém, temendo levar preocupações desnecessárias às outras pessoas da família. Naquela noite, ficou pensando no que poderia estar acontecendo ao menino.

Na semana seguinte, desmarcou uma faxina e foi ao hospital público, tentando marcar a consulta com o neurologista, mas foi informada de que somente teria vaga dali a três meses. Voltou para casa desesperada por ter que aguardar todo aquele tempo sem uma informação do que se tratava.

À tarde, quando João Pedro passou para visitá-la, como de costume, d. Marta comunicou-lhe o ocorrido. O rapaz ficou preocupado e sugeriu à mãe que levasse o menino a um médico particular. Assim foi feito. Após os exames, ficou constatado que Sandro sofria de um distúrbio transmitido por fatores hereditários.

— Os pais do Sandro têm algum problema de ordem neurológica? - perguntou o médico.

D. Marta ficou constrangida em falar sobre a vida de sua filha e das circunstâncias em que Sandro foi concebido. Mas, após insistência do médico, acabou relatando o que ocorrera.

— Doutor, o senhor sabe que não temos controle sobre a vida dos nossos filhos. Eles nem sempre seguem os conselhos dos pais.

— Eu entendo. Não se preocupe. Vamos continuar observando o desenvolvimento da criança e mais tarde, se necessário, entraremos com medicação. Se ele apresentar convulsões, me procure imediatamente.

O tempo passou e Sandro não apresentou nenhum sintoma de convulsões, mas ficou claro que não se desenvolvia como as demais crianças.

Chegou a época da visita à Gisele. Era um domingo, quando d. Marta foi visitar a filha na casa de recuperação, levando o neto. A expectativa era grande para o reencontro com ela, apesar de constantemente ligar para saber notícias.

Era por volta de sete horas da manhã, quando chegaram à portaria da clínica. D. Marta se identificou e apresentou as coisas que estava levando para a filha, a fim de que fossem revistadas. Essa medida era para evitar que alguém levasse drogas ou outra coisa prejudicial à recuperação das internas.

Gisele também já estava ansiosa para o reencontro com a mãe e a esperava cheia de expectativas. Por isso, abraçaram-se calorosamente.

— Minha filha, quanta saudade! Você está bem? - perguntou d. Marta, com voz emocionada.

— Sim, mãe! Eu estou bem. Estou seguindo o tratamento direitinho.

— Que bom, minha filha! Estou orgulhosa de você.

— Cadê meus irmãos? Eles não vieram?

— Não, minha filha. Para vir aqui, é necessário fazer o curso do "Amor exigente". É difícil para eles, que são muito ocupados. Mas eles virão, acredite.

D. Marta entregou Sandro nos braços da mãe. Ele já deveria estar andando e falando as primeiras palavras e as duas sabiam disso, mas não comentaram nada a respeito. D. Marta queria apenas que Gisele se envolvesse mais afetivamente com o filho.

Gisele levou a mãe para conhecer as dependências do local e o trabalho realizado por ela, além do aprendizado na oficina de costura. Levou-a também para participar das orações que faziam regularmente, de mãos dadas. O dia passou rápido e logo chegou o momento de se despedirem. Gisele acompanhou a mãe com os olhos, até que ela saiu na portaria.

D. Marta continuou indo à clínica nos dias de visitas, até o término do tratamento. Quando Gisele completou os nove meses de internação, houve uma solenidade em que as internas eram parabenizadas pela persistência e convidadas a continuar firmes, longe das drogas. Eram alertadas de que fora dali, no convívio com a sociedade, é que seriam realmente testadas. Mas que tivessem coragem e se mantivessem em vigilância constante, nunca se afastando dos ensinamentos do mestre Jesus, recebidos durante o período em que se mantiveram internadas. Por fim, recebiam um diploma de conclusão do tratamento, com a sugestão de que o honrassem como a um troféu.

***

Ao chegar em casa, Gisele temia o contato com os irmãos, mas se surpreendeu com a acolhida carinhosa. Todos se mostraram felizes pelo passo dado pela irmã e desejaram-lhe coragem e persistência para que se mantivesse afastada das drogas. A moça percebeu que poderia contar com a solidariedade e o apoio de toda a família. D. Marta disse à filha que lhe informasse todas as vezes que se sentisse tentada a usar droga, pois ela faria tudo para ajudar.

O novo desafio agora era encontrar um trabalho. Apesar de ter recebido orientações sobre o ofício de costureira, Gisele não tinha experiência. Além disso, havia o estigma de ter sido dependente química.

Um dia, João Pedro foi fazer entrega e montar uns móveis em uma confecção. Como foi um período extenso em que conviveu com a dona da oficina de costura, percebeu que a mulher gostou de seus princípios e lhe deu liberdade para pedir emprego para a irmã, fazendo questão de relatar tudo o que Gisele havia passado. D. Olga disse a João Pedro que mandasse a moça para fazer uma entrevista. Caso fosse aprovada, estaria disposta a lhe oferecer o trabalho. João Pedro chegou à casa da mãe e foi logo dizendo:

— Gisele, eu estou conseguindo um trabalho para você, mas é necessário que faça uma entrevista amanhã, com uma senhora chamada d. Olga. Ela é dona de uma confecção.

— Muito obrigada, João Pedro! Amanhã estarei lá, na hora marcada.

No dia seguinte, Gisele se levantou animada. Arrumou-se, vestindo uma roupa discreta para causar boa impressão.

Mais tarde, ouviu uma boa notícia:

— Muito bem, Gisele. Você passou na entrevista. Percebi que está querendo refazer a sua vida e eu estou disposta a lhe dar uma chance. Volte amanhã para testarmos seus conhecimentos na costura - disse-lhe d. Olga.

— Obrigada! Amanhã estarei aqui, sem falta.

No dia seguinte, Gisele chegou antes da hora e se lembrou do que aprendera na casa de recuperação. Fez uma prece pedindo a Deus proteção e iluminação para se sair bem no teste e conseguir o emprego tão necessário para continuar lutando contra a droga. Havia aprendido que o trabalho era a maior terapia.

Terminado o teste, d. Olga a chamou e disse:

— Gisele, os seus conhecimentos como costureira são superficiais, mas como percebi que está disposta a aprender, vou lhe dar a oportunidade que precisa. Mas vai depender de você. Se conseguir aprender o trabalho, poderá continuar, se não aprender, não poderemos contratá-la. Ah, e nessa fase de experiência não poderemos lhe pagar um bom salário.

— Obrigada, d. Olga! Vou fazer tudo para corresponder à confiança e agradeço também por sua iniciativa em me incentivar a continuar longe do vício.

— Não precisa me agradecer. Mostre que está mesmo decidida a trabalhar com empenho e dedicação, e você sempre terá oportunidade de crescer como costureira, aprendendo coisas novas e aprimorando-se cada vez mais na profissão. Agora vamos até a confecção, vou apresentá-la aos demais funcionários e lhe mostrar nossas máquinas.

Dizendo isso, d. Olga levou Gisele até a fábrica, mostrou-lhe o maquinário, orientando-a sobre a função de cada uma e os recursos que possuíam para executarem os trabalhos mais sofisticados. Enquanto mostrava, apresentava-lhe também as demais funcionárias.

A moça ficou conhecendo tudo. Não imaginava que existiam máquinas de costura com tantos recursos e trabalhos com tanta técnica e arte. Na casa de recuperação, tudo era muito básico, tanto as máquinas quanto os trabalhos executados. Saiu da confecção e voltou para casa impressionada com tudo aquilo. Impressionara-lhe também o modo maternal com que d. Olga havia lhe tratado. Até aquele temor de não conseguir se adaptar ao trabalho havia passado. Notou ainda que o ambiente era muito familiar e que todos aparentemente se respeitavam, como uma família. Na segunda-feira se apresentaria para o trabalho, quando receberia o uniforme.

Passou o fim de semana em grande expectativa. Desde que saíra da clínica de recuperação, procurara não sair de casa, pois percebia verdadeiro pavor na mãe de que tivesse uma recaída. Os irmãos também procuravam ficar juntos dela, talvez com o mesmo temor. João Pedro levou a esposa Denise para o almoço na casa da mãe, revivendo antigos fins de semana, onde todos se sentiam felizes por partilharem o convívio amoroso. D. Marta também estava feliz pela presença dos filhos. Na hora do almoço, todos se sentaram à mesa, procurando dar um ar de descontração e alegria.

D. Marta brincava com Sandro, quando duas lágrimas lhe rolaram no rosto. Todos perceberam, mas procuraram não tocar no assunto para não ferir ainda mais o seu coração. Pensavam que ela estava se lembrando do filho alegre e jovial, que se ausentara de modo tão dramático. O que não sabiam é que d. Marta estava justamente sentindo ali a presença do filho amado. Junior havia se colocado à mesa, ao lado dela. Sua luz se irradiava sobre a cabeça de cada um, envolvia a mãezinha querida, os irmãos, a cunhada e estendia-se até Sandrinho, que brincava distraidamente sentado em um canto da sala.

Quando Sandro percebeu a presença de Junior, levantou-se apoiando nas cadeiras, soltou as mãozinhas e deu os primeiros passos sem se apoiar em nada, indo em direção à avó, que abriu os braços, recebendo-o com um carinhoso abraço. Era mais um motivo de alegria para aquela família envolvida nos eflúvios amorosos de Junior. Nesse momento, todos se envolveram nas emanações de luz que ele irradiava.

D. Marta, antes de servir o almoço, fez uma oração em agradecimento a Deus e aos Espíritos protetores. Sua família estava novamente unida. Agradeceu também pela presença de Junior. Sabia que o filho querido era um Espírito iluminado, que vinha protegendo a casa e toda a família, principalmente a irmã. Fora ele que orientara Gisele para o reencontro com a mãe; auxiliara na abertura do coração dos irmãos e, sobretudo, nas ações para a internação de Gisele. Junior estava sempre com ela nos momentos mais difíceis em sua luta contra o vício.

Na segunda-feira, todos se prepararam cedinho para o trabalho. D. Marta levou o neto até a creche, contando euforicamente às monitoras que ele havia dado os primeiros passos e que, aplaudido pela família, não parou mais de andar pela casa. Havia sofrido algumas pequenas quedas, mas nada que o desestimulasse de continuar.

Gisele se apresentou ao novo trabalho e foi recebida por Carla, uma gerente que havia recebido instruções de d. Olga para colocá-la nos trabalhos mais simples, que não exigissem muita experiência e habilidade, a fim de que pudesse se desenvolver aos poucos. Carla era a funcionária mais antiga da confecção e gozava de certa autoridade e influência com a proprietária. Não era favorável à contratação de pessoas inexperientes, argumentando que no mercado de trabalho, em função da recessão econômica em que o país vivia, havia muitas pessoas experientes dispostas a trabalhar, e que podiam render muito mais do que uma iniciante. Argumentou que ali não era lugar de se fazer caridade.

D. Olga recebeu as críticas da funcionária, mas não se deixou influenciar. Alguma coisa lhe dizia que deveria dar oportunidade à Gisele. Ao final da tarde, reuniu-se com Carla para fazer uma avaliação do desempenho da moça.

— D. Olga, essa nova funcionária é muito lenta e tem dificuldade para aprender. Acho que não vai dar certo no trabalho.

— Amanhã, vou ficar aqui na confecção durante todo o dia. Pode deixar que eu mesma a oriento e avalio o desempenho dela.

Carla se mostrou irritada, mas não insistiu, temendo que a patroa percebesse que estava sendo intransigente. No dia seguinte, d. Olga procurou ficar perto de Gisele e notou que ela executava o trabalho de forma errada, da maneira mais difícil, e realmente o rendimento era baixo.

— Gisele, esse trabalho não se faz desse jeito. Se você fizer assim, será mais fácil e renderá mais - disse a patroa, mostrando-lhe como fazer.

— Mas foi a Carla que me ensinou assim.

— Então, minha filha, esqueça o que ela ensinou e faça como estou dizendo. Verá que é bem mais fácil.

Gisele passou a executar o trabalho como d. Olga ensinou e o rendimento melhorou, apesar de não atingir o esperado, devido às deficiências causadas pelo longo período que usara drogas. D. Olga chamou Carla e disse:

— Carla, por favor, tenha paciência com esta moça. É um pedido meu. Quero que a oriente no serviço e, periodicamente, vou avaliar sua maneira de trabalhar e o seu rendimento.

A funcionária percebeu que d. Olga percebera sua má vontade em ajudar Gisele, orientando-a de forma incorreta e tratando-a com intolerância. Aliás, por conta disso, Gisele já pensava em desistir do emprego. Quando Carla percebeu a expressão de tristeza da moça, resolveu mudar o tratamento, temendo que ela reclamasse com a patroa, o que poderia prejudicá-la.

O tempo passou e, apesar de d. Olga não ter contado nada sobre o passado de Gisele, começaram a surgir rumores entre os funcionários sobre a sua vida pregressa. Disseram que Gisele era usuária de drogas, que tinha sido prostituta, moradora de rua e que havia abandonado o filho, deixando-o aos cuidados da mãe idosa. Uma funcionária chamada Selma procurou Gisele e disse:

— Fiquei sabendo de uns boatos a seu respeito, estão comentando na fábrica que você é usuária de drogas. É verdade?

— Selma, desde que entrei aqui, você se mostrou minha amiga. Sempre me socorreu nas dificuldades e agora está me ajudando novamente, contando o que estão falando a meu respeito aqui na fábrica. Vou lhe contar toda a verdade, mas peço que não comente com ninguém, para que essas conversas não tomem uma proporção insustentável e eu tenha que deixar um trabalho que está me ajudando muito, inclusive a criar o meu filho. Eu realmente fui prostituta por falta de opção, estive nas ruas também por falta de opção, mas quanto a abandonar o meu filho, não é verdade, assim como não é verdade que sou usuária de drogas. Eu fui usuária, mas graças a Deus e graças à minha família, que me apoiou, fiz um tratamento e estou liberta. Sei que um ex-usuário tem que ficar em constante vigilância. Entretanto, asseguro que no momento não estou usando. D. Olga sabe de toda a minha vida e decidiu me ajudar, mas existem pessoas aqui dentro que não me aceitam e procuram me prejudicar de todas as formas. Sei que não é o seu caso, minha amiga. Pelo amor de Deus, me ajude!

Selma, ao ouvir o relato de Gisele, compadeceu-se.

— Conte comigo, amiga! Vou ajudar no que for possível.

O clima na fábrica passou a ser de desconfiança. Às vezes, as colegas estavam conversando e quando notavam sua presença, calavam-se ou mudavam de assunto. Gisele passou a conversar somente o necessário, apenas quando o trabalho exigia. Sentia-se à vontade somente com Selma e com d. Olga que, percebendo o clima, chamou-a e perguntou:

— Gisele, o que está acontecendo? Estou notando você sempre calada, até nos intervalos, no refeitório. Você não está satisfeita com o trabalho?

— D. Olga, eu estou muito satisfeita, mas não sei como minhas colegas ficaram sabendo do meu passado e passaram a me hostilizar. Eu não comentei nada.

— Eu também não comentei. Se elas ficaram sabendo, não foi por meu intermédio.

— Eu sei, d. Olga. Sei que a senhora não faria isso comigo. As pessoas não aceitam e nos julgam sem saber o que verdadeiramente ocorre com a gente. O que aconteceu comigo pode acontecer com qualquer pessoa. Não podemos julgar sem ter um conhecimento profundo dos acontecimentos.

— É por isso, minha filha, que Jesus disse para não julgarmos os nossos irmãos, porque ninguém tem conhecimento suficiente da vida do outro para julgar. Isto cabe somente a Deus. É melhor que permaneça mesmo calada, para não dar oportunidade a comentários maldosos.

Mensalmente, havia uma reunião na fábrica para os funcionários e todos tinham a oportunidade de falar, fazer sugestões para maior eficiência e qualidade da produção. Ao terminar a reunião daquele mês, d. Olga, ao fazer o encerramento, pediu que se limitassem ao trabalho e evitassem comentários sobre a vida particular das pessoas, para o bem do trabalho e da caridade. Disse que um comentário que não pudesse ajudar, não devia ser feito, enfatizando que o mundo dá muitas voltas e que quem está condenando hoje, pode vir a ser o condenado amanhã.

Após sua colocação, muitas conversas desnecessárias passaram a ser evitadas, deixando Gisele menos constrangida. Mas, com o passar do tempo, tudo voltou a ser como antes.

Certo dia desapareceu o dinheiro que estava na carteira de uma costureira. Isso nunca havia acontecido na fábrica e causou um constrangimento geral, com muitas insinuações sobre Gisele. A situação ficou insustentável e até Selma passou a ficar indiferente com a amiga. Formaram uma comissão e procuraram a patroa, exigindo a demissão de Gisele. D. Olga, por mais que quisesse ajudar, não teve alternativa, senão chamá-la em particular para uma conversa.

— Gisele, está havendo uma acusação de furto contra você. Dias atrás, desapareceu uma quantia em dinheiro da bolsa de uma costureira. Isto nunca havia acontecido antes, o que levou suas colegas a suspeitarem de você. Estão exigindo a sua demissão.

A moça levou um enorme susto e teve uma crise nervosa. Chorou como talvez nunca houvesse chorado em toda a sua vida e, por fim, falou:

— D. Olga, eu sei a posição da senhora diante desse fato, mas lhe juro por tudo que mais prezo em minha vida que não furtei nada de ninguém. Devido ao meu passado, tudo se volta contra mim. Eu não estou arrasada pela perda do emprego, apesar de precisar muito dele, eu choro é pela capacidade do ser humano de fazer uma coisa dessas e jogar a culpa em um inocente. Aqui está a minha carteira de trabalho, pode mandar fazer minha demissão, mas espero que a verdade ainda apareça um dia, porque, apesar de tudo, vou levar comigo uma gratidão muito grande pela senhora.

D. Olga estava transtornada. Ela tinha quase certeza de que Gisele não havia feito aquilo, mas não via alternativa, não poderia ir contra a maioria das funcionárias e provocar uma rebelião em sua empresa. A demissão foi feita por justa causa, levando-se em consideração a falta grave.

Gisele voltou para casa aos prantos. Quando d. Marta chegou, a filha lhe contou o ocorrido e o coração de sua mãe novamente se partiu. A situação agora era pior do que o que houvera ocorrido na casa de d. Raquel, porque agora ela esperava mais da filha. Afinal, Gisele passara por um longo tratamento e prometera mudar de conduta.

Gisele percebeu a desconfiança nos olhos da mãe e isto lhe cortou ainda mais o coração, apesar de ser uma atitude já esperada. D. Marta não disse nenhuma palavra, mas curtiu sua dor em silêncio. Aquilo havia lhe feito temer que todos os problemas anteriores ao tratamento voltassem a ocorrer.

Quando os irmãos chegaram, a própria Gisele se encarregou de colocá-los a par do que havia acontecido e, apesar dos argumentos e juramentos da irmã, eles não mediram as palavras de condenação à moça. Mais uma vez, ela pensou em abandonar a família e voltar para a antiga vida, mas ponderou, sabendo que agindo assim jamais iria conseguir provar sua inocência. Tinha a esperança de que a verdade aparecesse. Na casa de recuperação, havia aprendido a confiar no Cristo e por isso orou, pedindo ajuda.

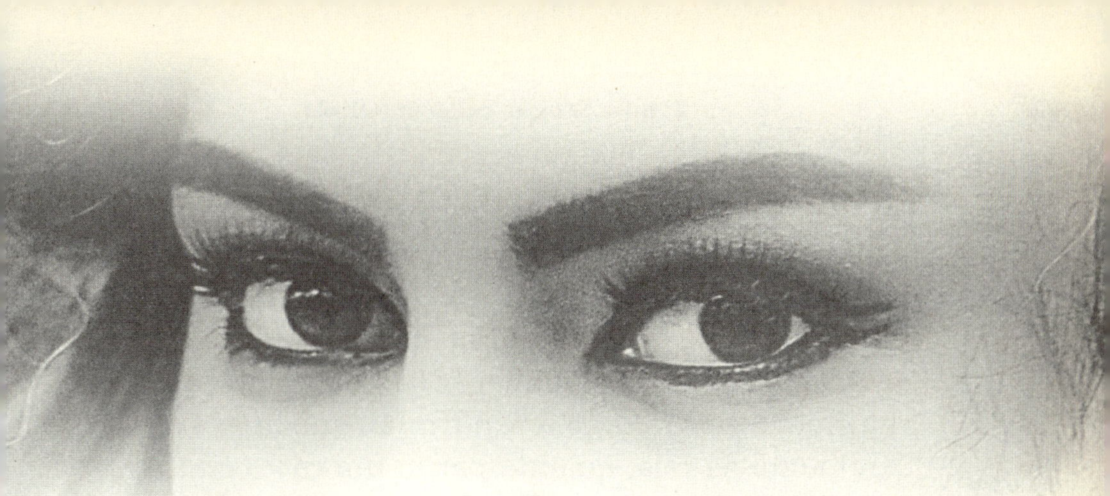

14. A verdade aparece

Os dias se passaram e a dor da injustiça ainda corroía a alma de Gisele, quando uma vizinha lhe disse que precisava de uma pessoa para pintar suas unhas, uma vez que a manicure que a atendia estava doente. Gisele se lembrou de que quando estava internada recebera instruções de como fazer o trabalho e passara a pintar as unhas das colegas internas.

— Lúcia, algumas vezes eu pintei as unhas de minhas colegas. Não sou uma profissional, mas se você quiser, eu faço o trabalho. Se não gostar, é só remover o esmalte e procurar outra pessoa.

— Vamos experimentar, então. Pode fazer.

Gisele fez o trabalho, a amiga gostou e lhe deu alguns trocados. No dia seguinte, Lúcia apareceu com outra amiga que gostara da pintura de suas unhas e pedira para conhecer a manicure. Assim, a notícia foi se espalhando e Gisele cada vez aprimorava mais o novo ofício. Em pouco tempo, estava ganhando mais do que o salário da confecção.

Observando a seriedade da filha, D. Marta passou a acreditar nela. As mães não perdem as esperanças nos filhos. Assim, ajudou-a a abrir um pequeno salão de beleza em sua própria casa e Gisele passou a trabalhar regularmente.

Numa tarde, ela havia atendido à última cliente, d. Marta também havia chegado do trabalho, passado na creche e apanhado o Sandrinho, que brincava alegremente na sala, quando parou um carro em frente à casa. As mulheres saíram até a varanda, curiosas para saber quem chegava. Quando Gisele viu o modelo do carro, lembrou-se de D. Olga. O motorista abriu a porta e sua ex-patroa desceu. Um calafrio correu pelo corpo da moça e o coração bateu forte. O que teria acontecido?

D. Olga se aproximou e disse:

— Boa tarde, Gisele! Esta é a sua mãe?

— Sim, d. Olga, é minha mãe.

Apresentaram-se e d. Olga tomou a palavra, dirigindo-se à Gisele:

— Sabe por que eu vim aqui?

— Não, senhora. Não faço a menor ideia.

— A ladra que roubou o dinheiro da costureira apareceu. Ela não tinha o costume de fazer isso, mas como supôs que as suspeitas recairiam sobre você, tomou coragem de fazer o furto. Entretanto, um ladrão não se contenta com apenas um roubo. Como não foi penalizada, criou coragem e voltou a roubar. Chamamos a polícia, houve uma investigação e ela confessou os dois crimes. Disse que roubou porque estava com necessidades em casa. Portanto, vim aqui para fazer justiça, pedindo-lhe perdão. Quero lhe recompensar de alguma forma, porque, desde que foi constatada a sua inocência, eu não tive mais sossego pela injustiça que cometi. Aqui está o dinheiro da sua indenização e mais um pouco. Peço que aceite como reparação pelo constrangimento que você passou. Mas o que quero realmente é suplicar o seu perdão. Pelo amor de Deus, me perdoe!

— Não tenho o que lhe perdoar, d. Olga. Afinal, não foi a senhora que me acusou. A senhora não tinha como saber da minha inocência diante das afirmações de minhas colegas.

— Agradeço tanto a sua compreensão, minha filha!

— Não precisa me agradecer, d. Olga. Eu é que seria injusta se acusasse a senhora de alguma coisa.

— Então, aceite o dinheiro que estou lhe oferecendo.

— Vou aceitar o valor do meu acerto. Quanto ao excedente, não posso aceitar.

— Eu lhe peço que aceite. Se não for como reparação, que seja como um presente que estou lhe oferecendo.

— O presente a senhora já me deu, vindo aqui e informando que minha inocência foi provada.

D. Marta chorava de emoção ao ver aquilo. Chorava também de remorso por não ter acreditado na filha, quando ela jurou que era inocente.

O tempo passou sem que muitas novidades acontecessem na família de d. Marta. Gisele continuava firme no seu trabalho e procurava levar uma vida normal, apesar de que, em determinados momentos, ainda sentia falta da droga, mas se agarrava à fé que aprendera a ter em Jesus. Às vezes, ia às festinhas na comunidade, mas sempre acompanhada de Estevão, que se dedicava à irmã, não tirando os olhos dela durante todo o tempo.

Havia passado pouco mais de quatro anos que Gisele deixara a casa de recuperação. Sandrinho era agora uma criança alegre e extremamente carinhosa, principalmente com a avó a quem considerava como mãe, apesar de ter um desenvolvimento um pouco aquém das demais crianças de sua idade.

Uma tarde, Gisele tralhava em seu salão, quando o telefone tocou:

— Alô...

— Alô, aqui é da creche. Sou Daniela e queria falar com d. Marta.

— Ela está no trabalho. É somente com ela que a senhora deseja falar? Aqui é Gisele, mãe do Sandro.

— Boa tarde, Gisele! Estou ligando para avisar que o Sandrinho não está passando muito bem, hoje. Poderiam buscá-lo e, se possível, levá-lo a um médico? Ele está desanimado e sua temperatura está elevada, com quase 38 graus.

— Perfeitamente, Daniela. Eu vou passar aí para buscá-lo. Até logo.

Gisele desligou o telefone, dispensou uma cliente que aguardava e se dirigiu imediatamente para a creche, preocupada com o que poderia estar acontecendo ao filho. Ao chegar, Sandro estava deitado em um sofá, prostrado, alheio à algazarra que as demais crianças faziam ao seu redor. Ela pegou o filho, que a custo se mantinha de pé e o levou para casa. Medicou-o com um remédio que a mãe costumava dar em caso de febre e o conduziu para a cama. Mais tarde, quando d. Marta chegou, colocou o termômetro no neto e viu que a febre havia cedido, mas o garoto ainda se mostrava abatido, sem ânimo até mesmo para se levantar. Deu-lhe um banho e o colocou para dormir.

— Devem ser esses problemas na garanta, que geralmente provocam febre em Sandrinho. Amanhã ele deve acordar bom - disse Gisele.

Mas uma coisa diferente preocupava d. Marta. Ela não sabia explicar, mas sentia um aperto no peito. Naquela noite, transferiu-se para o quarto do neto, sempre preocupada com a temperatura dele. Mas durante a noite não houve problemas e o garoto dormiu normalmente. Na manhã seguinte, acordou sem febre e sem a apatia da tarde anterior, mas mesmo assim resolveram deixá-lo em companhia da mãe, ao invés de levá-lo para a creche.

Durante a manhã, Sandro estava normal, mas, à tarde, novamente voltaram a apatia e a febre. No dia seguinte, resolveram levá-lo ao posto de atendimento médico. O plantonista examinou o garoto, olhou a garganta, fazendo as perguntas de como estava o desenvolvimento intestinal e, não encontrando nada, disse a d. Marta:

— Senhora, isto pode ser uma virose. Leve esta receita, dê-lhe esses medicamentos e vamos avaliá-lo nos próximos dias. Se os sintomas persistirem, traga-o novamente.

D. Marta saiu do consultório, passou em uma farmácia, comprou os medicamentos e retornou para casa. Nos dias que se seguiram, os sintomas voltaram com as mesmas características. A febre se iniciava ao final da tarde, sempre com as mesmas temperaturas. D. Marta resolveu voltar com o neto ao posto médico. Quando entrou na sala de atendimento, era outro profissional que estava atendendo.

— Boa tarde, senhora! O que houve com o garoto?

O médico fez a pergunta, mas já havia lido o relatório de seu antecessor, que descrevia o quadro. Fez mais umas perguntas e disse:

— Precisamos fazer alguns exames.

— O caso é grave, doutor? - perguntou d. Marta, seguindo talvez sua intuição.

— Não podemos dar um diagnóstico antes do resultado dos exames. Vou fazer o pedido e a senhora traga o Sandro amanhã ao laboratório, em jejum, para colher o material. Logo que os exames ficarem prontos, me procure - e disse os dias em que estaria de plantão.

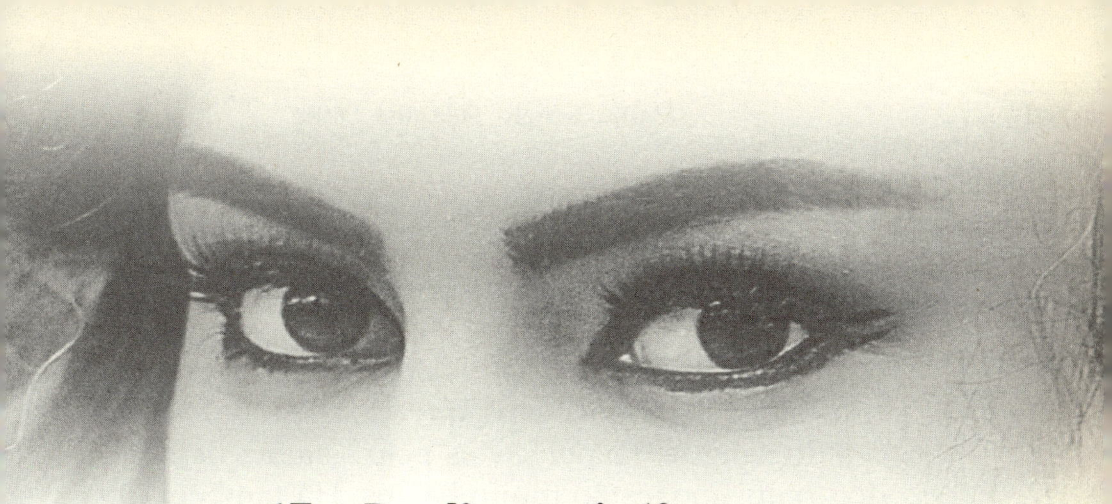

15. O diagnóstico

De manhã, d. Marta levou Sandrinho ao laboratório a fim de colher o material para os exames. O resultado seria entregue no dia seguinte. O médico havia colocado no pedido a palavra "urgente" e a atendente notou a recomendação. Ao pegar o resultado, d. Marta os levou na primeira data que o médico havia dito que estaria de plantão. Chegando ao consultório, após os cumprimentos, o médico perguntou como o garoto havia passado naqueles dias e d. Marta relatou que, além da febre, Sandro havia perdido o apetite e, quando conseguia comer alguma coisa, fazia vômitos que impediam que os alimentos parassem no estômago.

Após os relatos, o doutor pegou o envelope dos exames e foi abrindo lentamente. Parecia que seu pensamento estava distante dali, como se fizesse uma prece. Depois de olhar os exames de alto a baixo, voltou novamente às linhas de cima, baixou os olhos como se escolhesse as palavras para falar com a mulher. Por fim, quebrou o silêncio que havia se tornado de intensa angústia para a avó.

— D. Marta, no passado, havia doenças que a medicina desconhecia o tratamento, mas hoje muitas delas são perfeitamente curáveis, basta que nos empenhemos com fé, coragem e determinação nos procedimentos indicados. Estive analisando os exames e constatei que os leucócitos, que são os glóbulos brancos do sangue, responsáveis pelo sistema de defesa do organismo, estão muito baixos. Há também uma acentuada queda das plaquetas que são responsáveis pela coagulação do sangue, além dos sintomas que a senhora relatou. Tudo isso nos leva a um diagnóstico de leucemia.

A mulher recebeu a má notícia com uma serenidade que impressionou o médico, levando-o a acreditar que ela não conhecia a doença e suas consequências. Mas, pelo contrário, d. Marta sabia perfeitamente das implicações da leucemia e das chances de cura. Aquela tranquilidade era proveniente da assistência de Espíritos iluminados, principalmente de Junior, que se colocaram ao seu lado, amparando e encorajando-a a enfrentar as lutas que viriam dali para frente. O médico voltou a falar:

— D. Marta, inicialmente devemos entrar com a quimioterapia, mas possivelmente vamos precisar de um transplante de medula óssea, o que trará uma possibilidade de cura definitiva. Primeiramente vou tentar encontrar uma vaga num hospital especializado no tratamento de crianças com câncer. Se conseguirmos, a senhora pode se tranquilizar, porque o Sandro será muito bem assistido e terá o tratamento mais eficiente.

D. Marta saiu do consultório disposta a enfrentar tudo pela cura do neto. Voltou para casa, reuniu a família, inclusive Gisele, e relatou o diagnóstico. A comoção foi geral, mas a garra e a serenidade daquela mulher convidavam todos a lutarem com coragem pele cura daquele serzinho tão amoroso.

Durante a noite, estava absorta em seus pensamentos, deitada na cabeceira da cama do neto, quando Sandro, que mantinha os olhos fechados, abriu-os e disse:

— Minha avozinha querida, eu te amo muito! Não fique triste por mim, eu estarei sempre com você, mesmo que um dia tenha que partir para longe daqui, meu coração ficará sempre contigo. Ele estará também com minha mãezinha querida, porque nós nos pertencemos muito antes de habitarmos esta terra abençoada. - dizendo isto, o menino fechou novamente os olhos e adormeceu.

D. Marta sabia que aquelas palavras não eram do garoto, mas de uma entidade de luz que falara por ele naquele instante, deixando claro que não os deixariam sozinhos na batalha que seria travada dali em diante. Essas manifestações deixavam claro que Gisele também estava ligada a eles desde eras remotas e que, por mais tortuosos que fossem os caminhos por onde esteve, fora também uma vítima da situação em que se envolvera e que tanto sofrimento causava à família.

Havia passado três dias quando, em uma manhã, o telefone tocou. Era a secretária do médico que atendera Sandro.

— Alô, é a d. Marta?

— Sim, sou eu.

— Sou Ana, secretária do dr. Tadeu.

– Bom dia, Ana!

– Bom dia, d. Marta! Estou ligando porque conseguimos uma vaga para o Sandro num hospital especializado em tratamento de câncer infantil, mas a senhora tem que levar a criança até amanhã, para iniciar o tratamento.

– Sim, Ana, me dê o endereço, por favor.

A secretária passou o endereço e d. Marta agradeceu, dizendo que no dia seguinte levaria o neto. Naquele dia, Sandro se encontrava desanimado, sem apetite, muito pálido. D. Marta chamou Gisele, encarregando-a de assumir as tarefas da casa e ligou para o trabalho, avisando que não trabalharia no dia seguinte. Nessa época, Gisele já contribuía para as despesas da casa e despertava mais confiança na mãe e nos irmãos.

No dia seguinte, ao chegar ao hospital, Sandro foi levado para fazer mais alguns exames e, quando retornou, foi encaminhado para uma sala onde havia várias crianças aguardando a quimioterapia. Eram crianças de várias idades, mas que tinham uma característica em comum: quase todas estavam carecas, algumas com alguns poucos fios de cabelo, outras usavam tocas, algumas pareciam já ter se acostumado com a falta dos cabelos e não escondiam a cabecinha.

D. Marta, até aquele momento, não havia sentido a realidade. Parecia que aquilo não estava acontecendo, mas naquele momento as lágrimas desceram pela face, não só pelo neto, mas por todas aquelas crianças que a vida havia colocado em situação tão dolorosa. Orou por todas elas.

Já naquele dia, Sandro seria submetido ao processo da quimioterapia. Logo que chegou dos exames, foi encaminhado ao leito onde o medicamento começou a correr via intravenosa. Durante um longo tempo o medicamento correu nas veias de Sandro. Quando terminou, a criança ainda permaneceu um tempo no leito do hospital, mas no final da tarde foi liberada para ir para casa e foi marcada uma nova seção.

D. Marta chamou o taxi e Sandro foi colocado no carro com a ajuda de enfermeiros do hospital. Ao chegar em casa, o garoto ficou prostrado na cama e mal respondia às perguntas que lhe faziam. Não conseguiu comer nada e os vômitos eram constantes, mas como não tinha nada no estômago além de água, vomitava um líquido amarelado. D. Marta levou-o para dormir em seu quarto e naquela noite não pregou os olhos, velando e orando pelo restabelecimento do neto.

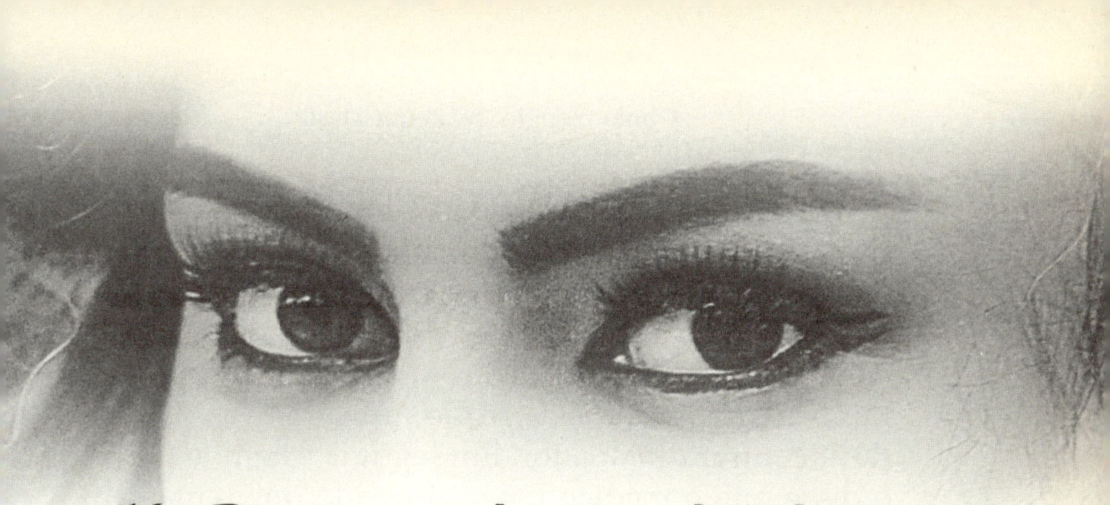

16. Procurando um doador

Na segunda seção, o médico chamou a avó e lhe disse que o tratamento mais eficiente seria o transplante de medula.

— D. Marta, vamos colocar o Sandro na fila para que quando surgir um doador compatível, realizemos o transplante. Entretanto, infelizmente, os doadores são poucos e a probabilidade de surgir alguém compatível é pequena, mas entre os familiares as chances aumentam muito. A senhora deve convencer os pais e irmãos a fazerem o teste de compatibilidade porque, nesse caso, ficará mais fácil encontrar o doador.

— Doutor, o Sandro não tem irmãos nem pai. Somente a mãe.

A mulher evitou contar novamente as circunstâncias em que Sandro havia sido gerado, tentando preservar a filha.

— Então traga a mãe dele para fazer o teste. A probabilidade de ela ser compatível é grande e, se a senhora realmente quer curar o seu neto, e se for possível, tente localizar o pai, porque com o transplante, as chances de cura são próximas de cem por cento.

No dia seguinte, todos os familiares fizeram o teste, mas ninguém foi compatível. Diante disso, o doutor sugeriu que tentassem localizar o pai do menino ou algum parente do lado paterno. D. Marta conclamou os filhos a pedirem aos seus amigos que também fizessem o teste, o que aumentaria as chances de encontrar um doador. Em seguida, chamou Gisele e disse que o médico havia sugerido que tentassem localizar o pai do menino, pois ele era um provável doador compatível.

— Mãe, vai ser muito difícil, porque ele simplesmente sumiu. Mas vou fazer o possível para localizá-lo. Eu não queria nunca mais ver esse homem, mas diante da possibilidade de salvar meu filho, vou tentar.

No dia seguinte, Gisele foi à casa de madame Sofia para perguntar por aquele homem, que não havia nem deixado o nome. Foi recebida com surpresa pela mulher, que fez uma enxurrada de perguntas. Madame Sofia imaginou que ela quisesse retornar ao antigo ofício.

— Madame Sofia, eu não quero voltar a esta vida. Agora estou morando com minha mãe, tive meu filho, mas infelizmente ele está muito doente e somente o pai biológico poderá salvá-lo - disse, tentando sensibilizar a mulher. — A senhora se lembra daquele homem estranho que vinha sempre aqui e que me forçou a não usar preservativos?

— Não estou me lembrando dele. Lembro de que quando você ficou grávida, tentou localizá-lo para que pagasse o aborto, mas ele sumiu.

— Exatamente, madame. Não se lembra dele?

— Não, não me lembro, mas talvez alguma das meninas se lembre. Entre e fale com elas, quem sabe?

Gisele entrou e perguntou uma a uma. Algumas eram novatas e nem a conheciam; outras não tinham nenhuma lembrança do homem. Mesmo assim ela não desanimou. Deixou o número do telefone e suplicou a todas que, se ele aparecesse, que a avisassem. Estava triste, mas alguma coisa lhe dizia que nem tudo estava perdido. Quando chegou em casa, d. Marta estava ansiosa para saber notícias. A filha apenas falou que não havia conseguido nada. Ficara constrangida de contar detalhes sobre onde estivera.

Nos dias que se seguiram, várias pessoas procuraram o hospital e se disponibilizaram a fazer o teste. Eram os amigos dos tios do menino e de d. Marta, mas nenhum procurou se dizendo amigo da mãe do enfermo. A luta continuava. Estevão e Gisele passaram a ir às festas da comunidade, tentando convencer os antigos amigos a fazerem o teste e chegaram a fazer camisetas com a foto de Sandro, na tentativa de sensibilizar as pessoas.

— Vamos procurar o pessoal da rádio da comunidade, eles podem divulgar nosso pedido - lembrou Estevão.

Os dois irmãos se dirigiram à emissora de rádio e foram muito bem recebidos pelos radiocomunicadores, que se mostraram solidários e dispostos a divulgar a mensagem. Dentro de pouco tempo, quase toda a comunidade sabia da doença de Sandro e da necessidade de se encontrar um doador.

Uma noite, haveria uma festa na comunidade. Estevão e Gisele foram até lá, para convencer mais amigos a fazer o teste. Conversaram com quase todas as pessoas e, quando já estavam saindo, Gisele viu um homem solitário em um canto do salão, tomando uma bebida. Quando olhou em seu rosto, reconheceu-o. Era o homem da casa de madame Sofia. Com o coração aos pulos, correu até Estevão dizendo:

— Estevão, eu encontrei o homem. É o pai do Sandrinho, tenho certeza. Não podemos deixá-lo escapar.

— Onde ele está? Eu vou falar com ele.

Gisele conduziu o irmão até ao local em que o homem se encontrava, mas, antes de chegarem, Estevão parou imediatamente.

— Que foi? - perguntou a irmã.

O rapaz a segurou pelo braço, impedindo-a de prosseguir.

— Não vá, Gisele! Aquele é o Pezão. É o assassino do Junior.

— Não posso acreditar, Estevão. Ele não estava preso?

— Quando foi detido, ainda era menor de idade. Logo foi solto. Você não o conhecia?

— Não. Quer dizer, eu o conheci na casa de madame Sofia, mas não sabia seu nome.

— Mas o Pezão a conhecia. Uma vez ele me falou que você era a mulher do Robson, o chefão.

— Talvez me conhecesse mesmo, porque cismou comigo. Não aceitava nenhuma outra garota...

E Gisele interrompeu a fala. Ainda se constrangia ao falar daquele período de seu passado.

— Talvez fosse uma espécie de vingança, por saber que você tinha uma boa vida na casa do Robson

- disse Estevão, indiferente ao constrangimento da irmã.

— Ou talvez porque tenha ficado preso. Foi nossa família que o denunciou como principal suspeito pela morte do Junior - completou Gisele.

O irmão a olhou muito sério.

— É por isso que temos de nos cuidar. Talvez ele ainda esteja pensando em vingança. Talvez tenha desistido, por causa da sua gravidez. Deve ter ficado com medo de ter que se responsabilizar pelo filho e pagar pensão alimentícia. Temos que ser cuidadosos na abordagem. Ele pode até estar armado.

— E se ele fugir?

— Não, ele não vai fugir. Eu sei onde mora e até conheço a mãe dele. Vá para casa, que eu vou segui-lo, para ver se ele ainda está morando no mesmo lugar.

Gisele foi para casa ansiosa e ao mesmo tempo temerosa por Estevão, afinal, a missão era arriscada. Temia que o homem descobrisse que o irmão o estava seguindo e armasse uma emboscada para matá-lo. Quando chegou sozinha em casa, d. Marta foi logo perguntando:

— Onde está Estevão? Por que não voltou com você?

— Ele encontrou uns amigos e ficou mais um pouco - mentiu, para não preocupar a mãe.

Estevão saiu do local e se ocultou na esquina logo à frente para observar para onde Pezão iria se dirigir. Passado algum tempo, o homem saiu do salão, demonstrando estar embriagado, a ponto de cambalear. Estevão achou bom, porque, naquele estado, ele dificilmente notaria que estava sendo seguido. Acompanhou-o à distância, mas tomando cuidado de não perdê-lo de vista. Pezão seguiu pelas mesmas ruas que levavam à sua casa. Quando chegou, tirou uma chave do bolso e ficou tentando abrir a porta, mas não conseguia. De repente, uma senhora já idosa abriu por dentro.

— Ronaldo, você está bêbado novamente, meu filho! Nem conseguiu abrir a porta - e o homem entrou cambaleando, sem dizer nada.

Estevão descobriu que Pezão continuava morando na mesma casa, em companhia da mãe e que, segundo o que ouvira, andava se embebedando constantemente. Deduziu que não seria seguro abordá-lo quando estivesse bêbado, pois ele poderia ter uma atitude agressiva.

Estevão foi embora rapidamente. Quando chegou em casa, d. Marta e Gisele o esperavam na sala. Ele contou tudo que havia acontecido e as mulheres ouviram, preocupadas, mas pelo menos sabiam agora quem era o homem estranho que havia engravidado Gisele.

No dia seguinte, d. Marta ligou para João Pedro, pedindo que ele passasse em sua casa para informá-lo das novidades. João Pedro chegou até um pouco mais cedo do que de costume e foi inteirado sobre as novas ocorrências. Ele mal podia acreditar no que acabara de saber.

— Mãe, eu tive uma ideia...

— Fale, meu filho. Precisamos encontrar uma solução.

— Vamos procurar Manuela, a namorada do Junior e pedir que ela converse com ele. O Pezão tem uma paixão doentia por ela e pode ouvi-la.

— Boa ideia, disse Estevão! Quando ele estava perseguindo o Junior, Manuela aceitou conversar com ele.

— Não podemos recorrer à polícia? - perguntou Gisele.

— Não. Ninguém pode ser obrigado a doar parte do corpo a outra pessoa. A doação tem que ser espontânea.

Então decidiram que iriam procurar Manuela e tentar, por meio dela, convencer Pezão a fazer o teste. Iriam Gisele e Estevão.

— Você ainda se lembra do endereço da casa da Manuela, Estevão?

— Eu sei onde ela morava na época em que estava namorando o Junior. Se estiver lá ainda, será fácil.

Na noite seguinte, os dois partiram para a casa de Manuela e chamaram na porta:

— Boa noite... - atendeu uma senhora.

— Boa noite! É aqui que mora a Manuela?

— Quem são vocês e o que querem?

— Não tenha medo, senhora. Sou Estevão, irmão do Junior, antigo namorado de Manuela. Esta é Gisele, minha irmã.

— O que vocês querem com a minha filha? Isto já faz tanto tempo... Manuela ficou muito abalada na época e demorou demais para superar o sofrimento, provocado pela morte do Junior, coitadinha!

— Senhora, não estamos querendo que a Manuela volte a sofrer por uma situação do passado. Mas é um caso de extrema necessidade. A vida do meu sobrinho depende da ajuda dela.

— É mais um crime em que vocês vão envolver a minha filha? - perguntou a mãe da jovem, ressabiada.

Gisele tomou a palavra, imaginando que a questão se resolveria mais facilmente de mulher para mulher.

— Senhora, não é nenhum crime. Meu filho tem pouco mais de quatro anos e sofre de uma doença, cujo tratamento depende de doadores de sangue e de medula óssea. No caso da medula óssea é muito difícil encontrar um doador compatível. Há uma grande chance de que o pai seja compatível, mas ele provavelmente vai se negar a fazer o teste.

— E onde entra minha filha nessa história?

— O pai do meu filho é muito amigo da Manuela. Queríamos que ela intercedesse junto a ele para tentar convencê-lo a colaborar.

A mulher pensou um pouco e disse, por fim:

— Bom... Sendo assim, eu vou falar com a Manuela, quando ela chegar do trabalho. Mas minha filha não tem muitos amigos. Quem é esse homem?

— Ele se chama Ronaldo - adiantou Estevão, evitando falar o apelido do rapaz.

— Que eu saiba, minha filha não tem nenhum amigo com esse nome.

— É porque ele tem um apelido - disse Gisele.

— E qual é o apelido dele?

— Pezão.

— Pezão?...

— Sim.

— Olha, moça, estou me lembrando dessa pessoa. Ele não dava sossego à Manuela e assassinou o namorado de quem ela gostava muito. Depois, esse rapaz ficou preso por um tempo e a Manuela pôde ter sossego. Mas logo ele foi colocado em liberdade, por ser menor. De uns tempos para cá, ele voltou a importunar minha filha, fazendo ameaças ao noivo dela. Agora ele está proibido pela justiça de se aproximar da Manuela.

— Senhora, nós podemos falar com ela? Sei que nos entenderá...

— Peço a vocês que vão embora e não importunem a minha filha. Esse assunto já a deixou muito deprimida. Logo agora que ela está se curando, vocês aparecem de novo?

— Senhora, eu vou deixar nosso telefone, se mudar de ideia nos ligue.

Estevão escreveu o número do telefone em um pedaço de papel e entregou à mulher que recebeu com má vontade. Novamente tudo havia voltado ao começo e os dois irmãos retornaram para casa levando a tristeza pela missão infrutífera.

— Estevão, quando achamos que o problema está se aproximando da solução, tudo volta atrás e as coisas não dão certo. Por que tudo tem que ser tão difícil? Parece que Deus se esqueceu de nós - lamentou Gisele.

Estevão se limitou a ouvir e silenciar. Apesar de não concordar e saber que a própria Gisele criara aquela situação, não se via no direito de recriminar a irmã, ainda mais agora, que ela estava disposta a se recuperar. Mas sabia que se ela houvesse se queixado para a mãe, d. Marta teria as palavras certas para confortá-la.

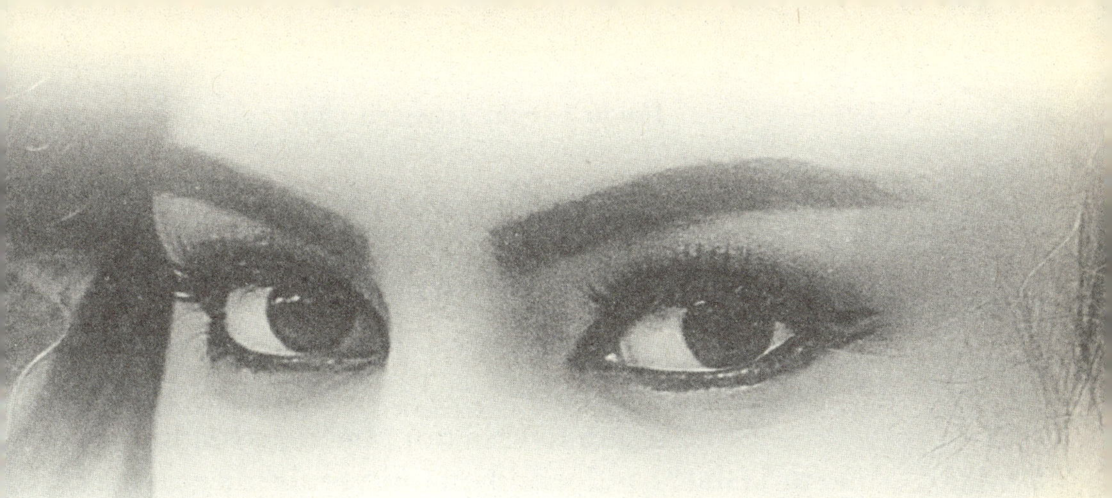

17. As buscas continuam

D. Marta os esperava, ansiosa como de costume. Os filhos relataram com detalhes o que havia acontecido. Naquela noite, ela estava cansada, pois o Sandro não havia passado bem, sentindo muitos enjoos. Mostrava-se desanimado e os primeiros fios de cabelo começavam a cair; quando a avó foi penteá-lo, notou que a escova havia ficado cheia de fios que se soltaram.

O garoto já havia emagrecido, a face estava pálida, com grandes olheiras. Era bem tarde quando foram se deitar. No dia seguinte, novamente a família se reuniu para traçar novas estratégias. Gisele foi quem falou:

— E se nós fôssemos diretamente ao Pezão, informando-o sobre o caso? Talvez ele se sensibilize e concorde em fazer o teste.

— Não acho que dará certo. Você não conhece esse cara. Ele é traficante, assassino e convive nesse ambiente de criminalidade, onde a vida humana é banalizada. O interesse é o lucro a qualquer preço. Eles geralmente são explorados pelo comando do tráfico, que acaba ficando com a maior parte do lucro, sob o pretexto de lhes dar apoio e proteção. Na verdade, são apenas mulas[2] nesse tipo de comércio ilegal.

– Realmente, cheguei a ver muito isso quando morava com o Robson.

– Se esse cara tivesse um pouco de sentimento, não teria lhe abandonado quando soube da gravidez. Ele não é uma pessoa normal. Pezão tem uma deficiência. Somente isso justifica a obsessão que tem por Manuela, uma vez que a moça nunca lhe deu qualquer esperança e ele não desiste, chegando até a cometer assassinato por causa dela.

– Como faremos, então?

– Vamos procurar a Manuela e conversar com ela sem a interferência da mãe.

– Iremos os dois?

– Sim. Se formos juntos, Manuela não terá medo de falar com a gente.

– Iremos amanhã à tarde e esperaremos próxima de sua casa, até que ela apareça.

Na tarde seguinte, Estevão e Gisele partiram para a casa da Manuela, tomando o cuidado de não se aproximarem muito e serem vistos pela mãe da moça, que provavelmente iria impedir a conversa. Nas proximidades da casa havia um bar. Os irmãos se sentaram, pediram refrigerantes e permaneceram ali à espera de Manuela. Após algumas horas, a moça apontou na esquina, passando em frente ao bar onde estavam. Estevão foi quem a abordou.

---

[2] *Indivíduos que transportam a droga. Arriscam muito e ganham pouco.*

— Boa noite, Manuela! Lembra-se de mim? Eu sou Estevão...

— Boa noite, Estevão, tudo bem? Como deixaria de me lembrar de você? Como estão sua mãe e seus irmãos? Faz tanto tempo...

— Está tudo bem, Manuela, mas precisamos falar com você. Nosso encontro não foi por acaso. Estávamos lhe esperando aqui. Você pode se sentar um pouco para conversarmos? Esta é a Gisele. Lembra-se dela? - perguntou, apontando para a irmã que cumprimentou a moça.

— Eu a vi apenas uma vez, no dia da morte do Junior - respondeu a moça, meio sem graça.

Manuela não tinha um conceito muito bom a respeito de Gisele. Deixou transparecer certo constrangimento, mas se sentou junto aos irmãos.

— Manuela, eu vou relatar tudo sobre Gisele, para que você entenda por que estamos aqui.

E Estevão contou tudo, desde que ela se envolvera com as drogas até as dificuldades que estavam enfrentando naquele momento.

— É por isso que viemos pedir a sua ajuda - finalizou ele.

— Não se preocupem com minha mãe. Sofri muito quando o Junior faleceu, pois eu o amava demais. Entretanto, como se não bastasse a perda do meu namorado, passado um tempo, o Pezão foi colocado em liberdade e começou a me assediar, porque sabia que eu estava sozinha. Ele queria por todos os meios que eu o namorasse. Nunca o maltratei, mas também nunca lhe dei esperança. Ainda assim, ele intensificou o assédio. Eu tinha muito medo dele, porque sempre soube que é traficante e estava diretamente ligado ao comando da criminalidade nesta região. Além disso, acho que não é uma pessoa normal. Ele tem uma deficiência grave, o que justifica essa obsessão por mim, chegando a matar o Junior. Nos últimos tempos, vinha ameaçando o meu noivo.

— Sua mãe nos disse que ele está proibido de se aproximar de você.

— Não. Ela se enganou. Ele não pode se aproximar é do meu noivo.

Estevão percebeu que a senhora havia mentido com a intenção de desestimulá-los a procurar sua filha.

— Manuela, você estaria disposta a nos ajudar?

— Claro, Estevão! Eu farei o que estiver ao meu alcance.

Gisele interrompeu:

— Manuela, faça isto, pelo amor que você tem ao Junior!

— Gisele, eu disse que farei o que for do meu alcance, mas não é pelo Junior, porque ele não precisa mais de nada. Tenho certeza de que ele está muito bem. Eu vou fazer é pelo Sandro que está precisando, como faria por qualquer outro que necessitasse.

Gisele percebeu que a moça entendera que ela estava tentando usar a imagem do irmão para sensibilizá-la e que, apesar da ajuda, não aprovava a sua conduta ao se envolver com drogas. Constrangeu-se e resolveu se calar.

— Estevão, o que vocês querem efetivamente que eu faça? – perguntou Manuela.

— Queremos que você tente convencer Pezão a fazer o teste de compatibilidade, uma vez que as chances de ele ser compatível é muito grande. Nós não o abordamos, porque eu acho que ele sabe que fomos nós que o entregamos à polícia e penso que vai querer se vingar.

— Não vamos contar a ele que Gisele é sua irmã. Assim ficará mais fácil.

— Mas o Pezão conhece a Gisele. Uma vez ele me falou sobre isso, quando eu tentava proteger o Junior.

— Nesse caso, como vou conseguir convencê-lo?

— Você é a paixão dele. Talvez não lhe negue um pedido...

— Tenho que avisar o meu noivo. Eu não posso fazer uma coisa dessas sem que ele saiba.

— Eu também acho, mas você não poderá abordá-lo sozinha, nem acompanhada do seu noivo, devido ao problema da justiça. Quando fui até a casa dele, ouvi sua mãe dizer que ele está bebendo todos os dias, acho que bebe naquele bar, onde são realizadas as festas da comunidade. Lá você certamente irá encontrá-lo.

— Eu sei. Vou procurar alguns amigos para me fazerem companhia e, com eles por perto, converso com o Pezão.

— Então fica combinado. Após a conversa, me ligue, tudo bem? Agora nós já vamos e você deve entrar, porque sua mãe poderá ficar preocupada.

Estevão sabia que se a mulher descobrisse, poderia interferir e impedir que a filha cumprisse a promessa. Despediram-se, Gisele havia se mantido calada, após a atitude pouco simpática de Manuela. De qualquer modo, era uma nova esperança em favor de Sandro, já tão fragilizado pela doença.

Manuela havia dito aquelas palavras, mas no fundo de sua alma, a lembrança de Junior pesava mesmo na decisão de ajudar Sandro, que ela nem conhecia. O gesto lhe trazia uma ponta de satisfação, pelo fato de Sandro ser sobrinho da pessoa que tanto amara. Em seus devaneios, via Junior no plano superior, lhe sorrindo, aprovando sua atitude. Tinha que abafar aquele sentimento, temendo ferir o noivo. Por isso respondera à Gisele daquela maneira.

No dia seguinte, Manuela conversou com o noivo, que não se opôs e até incentivou, reconhecendo a atitude nobre de sua amada. Manuela fez contato com os amigos, que se dispuseram a ajudá-la. A abordagem ao Pezão foi marcada para a noite seguinte.

Quando Manuela chegou ao bar, no horário combinado, o grupo já estava reunido na porta. Entraram, ocuparam uma mesa e viram que Pezão ainda não havia chegado. Manuela temeu que ele não aparecesse naquela noite. Mas, passado algum tempo, Pezão chegou e sentou-se no lugar de costume. Quando notou a presença de Manuela, assustou-se, mas logo verificou que ela não estava acompanhada pelo noivo. Pediu sua bebida e passou a observá-la, acompanhando-a com os olhos.

Manuela e os amigos estavam próximos à mesa que Pezão costumava ocupar, para parecer coincidência o encontro entre eles. Era a hora da abordagem. Já havia passado algum tempo que o pai de Sandro havia chegado e tinha tomado apenas uma dose, ou seja, ainda estava sóbrio.

— Boa noite, Pezão! Que coincidência nos encontrarmos aqui! Como está?

— Boa noite, Manuela! Eu estou bem e você?

— Bem, obrigada! Posso me sentar um pouquinho para conversarmos?

Pezão, que a princípio hesitava em olhar para Manuela, levantou os olhos e respondeu:

— Pode sim. O que você quer falar comigo?

— Nada em especial. Só para conversarmos, mesmo.

— Algum problema com o seu noivo? Eu não cheguei perto dele, desde que vocês me denunciaram.

— Não é nada disso, Pezão. Apenas queria saber como você está. Soube que esteve preso e, desde essa época, quase não nos falamos.

Pezão achou a conversa de Manuela estranha, mas a obsessão pela moça era tão grande, que o impedia de avaliar com racionalidade a sua atitude.

— Mas eu sempre lhe procurei e você nunca conversou comigo. Até me denunciou. Fique tranquila, eu não vou me aproximar do seu noivo.

— Não foi para isso que vim até aqui. Eu estava ali com os meus amigos e quando o vi, quis conversar com você.

— Está bem...

— Pezão, tem uma coisa que quero aproveitar para lhe falar.

— Do que se trata?

— Sabe que ainda mantenho contato com os familiares do Junior?

— Não. Eu não sabia...

— Pois, mantenho. E fiquei sabendo de uma coisa que queria lhe contar.

— Pode dizer.

— Soube que você tem um filho com a Gisele, irmã do Junior. É verdade?

— Não sei nada sobre isso.

— Pezão, ela se envolveu com drogas e foi cair em uma casa de prostituição. Você teve um filho com ela.

— Mentira! Quem lhe disse isto?

— Fiquei sabendo que ela não queria ter o filho e lhe pediu dinheiro para fazer o aborto, mas você sumiu, não foi?

— Como vou saber se o filho é meu, sendo ela uma prostituta?

— Ela afirma que sim, mas fique tranquilo. Gisele não vai exigir pensão alimentícia, porém o menino precisa de um doador de medula óssea, porque está muito doente e somente o transplante da medula poderá salvá-lo. Como não conseguiram nenhum outro doador compatível, eles precisam que você faça o teste de compatibilidade.

— Como ela vai provar que eu sou o pai dessa criança, se ficava com muitos homens?

— É simples. Ela pode exigir o exame de paternidade, por meio da justiça. Se você se recusar, pode ser apontado como o pai e ser condenado a pagar pensão alimentícia para o menino. Se você não pagar, poderá ser preso.

Pezão havia tomado pavor da cadeia e a simples possibilidade de ser preso novamente o apavorava.

— Eu queria lhe pedir que faça o teste e, se for compatível, que doe a medula para a criança. Você vai salvar a vida do seu próprio filho.

— Eu já paguei pelo crime que cometi. Não devo nada para aquela gente.

— Eu sei, Pezão. Então faça isso por mim. Estou lhe pedindo. Você não gosta de mim?

— Você sabe que faria tudo por você, mas não vou me meter nisso.

— Vai negar o meu pedido?

O rapaz se desconcertou diante da súplica da amada, principalmente porque Manuela havia colocado tanta doçura nas palavras, que tocara profundamente o seu coração.

— Se você concordar em fazer o teste, eu o levo até o laboratório e acompanho todo o processo.

— Está bem, eu vou.

A possibilidade de desfrutar a companhia da amada foi decisiva. Pezão faria de tudo para ficar alguns momentos em companhia de Manuela. Mas não apareceu no dia marcado. Fora informado de que, para a doação da medula, havia a necessidade de ser anestesiado e teria que ficar internado, após o procedimento e isso o fez desistir.

Manuela voltou a insistir, mas Pezão passou a evitá-la. O plano havia falhado e a família de

Sandrinho teria que usar de outra estratégia para persuadir o rapaz a colaborar no tratamento. Nesses dias, Sandro manifestou vontade de ir à creche para rever os amiguinhos. Em casa, o garoto se sentia muito só.

Numa tarde, ele brincava com as crianças, participando das atividades da creche, quando começou a sangrar pelo nariz. As monitoras tentaram interromper a hemorragia colocando toalhas nas narinas e gelo para estancar o sangue, mas nada surtia efeito. Ligaram para Gisele, que já estava preparada para levá-lo ao hospital no caso de alguma emergência.

Fizeram uma cauterização. Em seguida, colheram o sangue para exame e foi constatada uma queda nas plaquetas, havendo a necessidade de se fazer uma reposição. O médico avisou à família que teriam de conseguir doadores de sangue e alguém que pudesse doar as plaquetas, porque, daí para frente, as crises aconteceriam cada vez com mais frequência. Nova campanha foi feita entre os amigos, para as doações, mas nesse caso era mais fácil encontrar doadores. Os conhecidos novamente se mobilizaram com boa vontade.

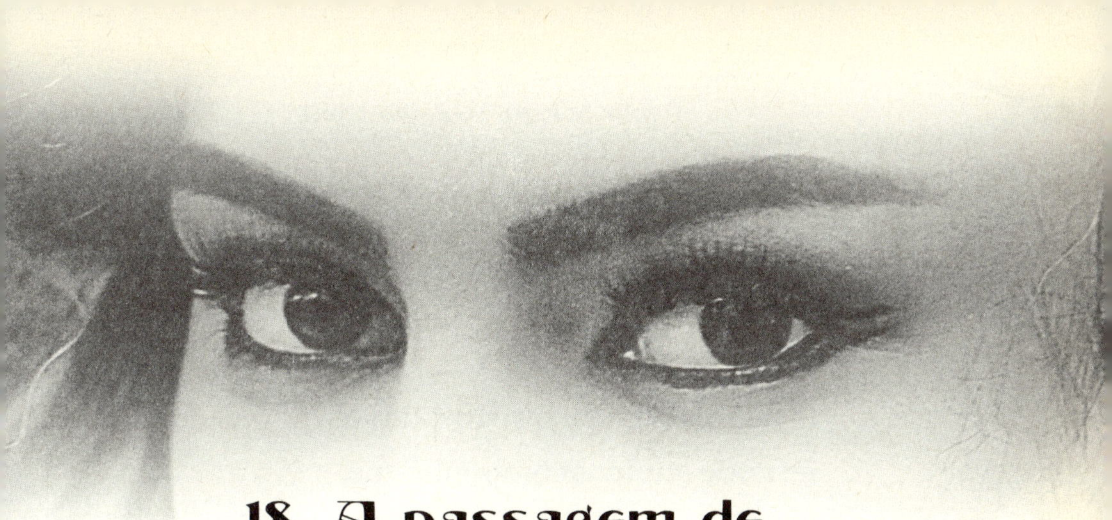

18. A passagem de Sandrinho

Com o passar do tempo, Sandrinho não pôde ir mais à creche. A defesa orgânica estava tão baixa, que um simples contato com outras pessoas poderia lhe transmitir infecções. D. Marta e Gisele se revezavam nos cuidados com a criança que, cada vez mais debilitada, exigia maiores atenções. As internações passaram a ser evitadas, temendo-se maior exposição às infecções hospitalares.

Diante do desespero da família, resolveram fazer uma última tentativa para pressionar Pezão. Iriam procurar a chefia do tráfico. Gisele não poderia participar, porque Bode não gostava dela. Estevão se prontificou a procurá-lo. Tentaria salvar o sobrinho por meio da intercessão da chefia do tráfico, apesar da dificuldade de diálogo com o traficante. Chegando ao comando, perguntou pelo Bode, dizendo que precisava falar com ele. O segurança informou que Bode não estava mais na chefia.

— O chefe agora é o Gilson. Você gostaria de falar com ele?

— Sim, se for possível.

— Quem é você?

— Sou Estevão. Moro aqui na comunidade.

— Vou avisar.

Instantes depois, o segurança abriu o portão.

— Pode subir. Acompanhe-me.

Estevão acompanhou o segurança até uma sala onde o novo chefe do tráfico esperava e o reconheceu. Já o tinha visto nas festas da comunidade, tempos atrás.

— Bom dia, Estevão! Quer falar comigo?

— Sim. Lembra-se de mim?

— Claro! Você é irmão daquele rapaz que namorava a Manuela e que foi morto a tiros.

— Sim, sou eu mesmo. Vim aqui porque preciso de ajuda.

— Quer trabalhar para nós?

— Não. Não é isso.

Estevão contou tudo o que havia acontecido. Gilson ouviu em silêncio. Depois falou:

— Naquela época, o Robson era nosso chefe aqui. Depois da morte dele, o Bode entrou em seu lugar. Mas o Bode se envolveu num sequestro e foi preso. Daí para cá eu assumi o comando. Nossos amigos não gostavam dele, por isso armaram contra ele.

Estevão havia dito a Gilson que sua família iria entrar na justiça contra o Pezão, pedindo o reconhecimento de paternidade. Mas, primeiramente, queria saber se o comando poderia pressioná-lo, porque, na verdade, queriam apenas que ele fizesse o teste de compatibilidade para saber se poderia doar a medula para o Sandro. Não fariam questão do reconhecimento de paternidade, desde que ele fizesse a doação, no caso de ser compatível.

— Estevão, faremos o que for possível para que vocês não precisem recorrer à justiça. Somos uma comunidade e temos a obrigação de proteger nossa gente, que é esquecida pelo governo. Além de não ser de interesse do comando a presença da justiça e da polícia se envolvendo nos nossos assuntos. Deixe comigo. Vou ter uma conversa séria com o Pezão.

Estevão agradeceu. Uma nova esperança havia nascido, embora a vida de Sandro dependesse agora do narcotráfico. Foi para casa pensando em como as coisas haviam mudado.

Chegando em casa, Estevão comentou com Gisele sobre a conversa com o Gilson. Ela disse que o conhecia desde a época em que morava com Robson. Gilson era muito querido por toda a comunidade, chegando até a interceder junto ao chefe em algumas questões.

Naquele dia, Pezão teria que ir ao comando buscar cocaína para distribuir. Quando chegou, recebeu o recado de que o chefe queria lhe falar. Logo se dirigiu à sala dele.

— Mandou me chamar, chefe?

— Mandei sim, Pezão. Preciso falar com você.

— Estou às suas ordens para o que for necessário.

— Pezão, a família da mulher com quem você tem um filho me procurou, dizendo que vai entrar na justiça contra você, para reconhecimento de paternidade. Mas eu não quero nenhum envolvimento com a justiça nem com a polícia aqui na comunidade. O que eles querem mesmo é que você faça um teste para saber se pode doar uma medula para o seu filho. Eu quero que você vá amanhã ao laboratório do hospital fazer esse teste e traga o resultado para mim. E não tente fugir, porque eu mando o pessoal atrás de você, entendeu? Você tem uma dívida comigo e sabe disso. Afinal, quem conseguiu tirá-lo da cadeia, antes de terminar a sua pena?

— Foi você, chefe! Fique tranquilo, vou fazer o que me pede. Não vou fugir, não.

— Acho bom mesmo. Ou será pior para você.

Pezão saiu dali, apavorado. Tinha medo de fazer a doação, mas temia ainda mais a organização. Sabia que o chefe mandaria matá-lo se não lhe obedecesse. No dia seguinte, levantou bem cedo e foi para o laboratório fazer o exame. No dia marcado, ele foi buscar o resultado, mas não abriu o envelope, levando-o ainda fechado para o Gilson, que o abriu na sua presença. Havia dado positivo. Gilson exigiu que o rapaz se apresentasse ao hospital para se submeter à doação. Pezão cumpriu tudo conforme o chefe havia ordenado e os procedimentos foram marcados para a semana seguinte.

Nessa época, Sandro estava ainda mais debilitado. Havia passado por uma quimioterapia e os enjoos eram constantes. O índice de plaquetas caía em intervalos de três dias, havendo a necessidade das transfusões. Havia ocorrido uma diarreia com sangue, o que exigiu que ficasse internado.

No domingo, a família se encontrava no hospital quando foi comunicada que havia aparecido um doador compatível. A pessoa faria a doação no início da semana e o transplante se realizaria logo em seguida. A notícia foi comemorada com alegria e a esperança voltou para Sandro, cuja saúde piorava a cada dia. Na semana seguinte, d. Marta, Gisele e Estevão foram visitar e agradecer a pessoa que trouxera a esperança para Sandro. Já suspeitavam que fosse o Pezão e, ao entrarem no quarto, tiveram a confirmação.

D. Marta estava diante do assassino do filho, para agradecê-lo por levar uma esperança de vida para o seu neto. Não nutria em seu coração nem uma pontinha de mágoa ou ressentimento. Havia perdoado aquele homem e estava ali para fazer uma prece por ele, em agradecimento pelo gesto nobre que estava prestes a praticar. A atitude de Pezão não seria um pedido de perdão? Provavelmente sim! E orou por ele.

Pezão estava incomodado diante daquela família. Outrora, havia causado a ela um mal irreparável. Lembrou-se de sua mãe e sentiu vergonha do gesto que cometera no passado, mas agora, pela misericórdia de Deus, tinha a oportunidade de aliviar sua consciência. Prometeu a si mesmo que quando Sandro se recuperasse iria procurá-lo, conviver com ele, vê-lo crescer e tentar ser realmente pai.

Ainda envolto nesses pensamentos, recebeu a anestesia e aos poucos foi perdendo a consciência, até que adormeceu profundamente. Já era noite quando voltou a si, pensou em se mexer, mas sentiu um incômodo e desistiu. Apesar de tudo, estava feliz pelo que fizera.

Sandro foi levado para a sala de cirurgia, mas antes olhou com amor para todos os familiares que o acompanhavam. Agora estava tudo pronto. O anestesista foi aplicando lentamente a anestesia no tubo que corria pelo soro; em outro tubo passava o sangue. Sandro foi ficando leve e naquele momento não sentia o mal-estar provocado pela doença. Por fim se libertou do corpo, permanecendo ligado apenas pelo cordão fluídico. Levitou pelo quarto até ganhar as esferas mais sutis, onde seres angelicais o acompanhavam numa viagem por campos floridos e matas verdejantes. Ele desfrutava as alegrias do plano espiritual, saindo do corpo, em desdobramento. Sentiu a presença de Junior, que não conhecera na carne, mas o reconheceu em Espírito. Eram conhecidos desde épocas muito antigas.

Sandro foi despertado e conduzido de volta ao corpo, ouvindo o médico, que chamava pelo seu nome, falando coisas do seu cotidiano. Aos poucos, o garoto foi abrindo os olhos, mas a sonolência era ainda muito forte. Ele percebeu as pessoas de sua família, mas alternava momentos de lucidez com o sono que o dominava. No dia seguinte, acordou cedo, quando uma enfermeira entrou no quarto e abriu a janela. D. Marta havia passado a noite ao seu lado.

— Vó, onde estou?

— Você está no hospital, meu filho! Você recebeu um remédio que vai curá-lo definitivamente. Logo estaremos em casa e você poderá brincar, correr, jogar bola... Tudo que gosta de fazer.

— Que bom, vó! Vou poder dormir na minha cama e brincar novamente com meus coleguinhas da creche?

— Sim, só mais um pouquinho e voltaremos para casa.

O aspecto da criança apresentava uma sensível melhora logo na parte da manhã, mas à medida que a tarde foi chegando, novamente foi ficando desanimado, a fala se tornava fraca, o olhar distante.

D. Marta chamou a enfermeira, que rapidamente ligou os aparelhos. O oxigênio foi colocado. A máscara cobria quase toda a sua face, deixando à mostra apenas os olhinhos que muito lentamente procuravam a avó. D. Marta ligou para os filhos, que chegaram em seguida. Ao cair da tarde, o estado do garoto havia piorado muito e, à chegada da mãe e dos tios, Sandro os acompanhava movimentando somente os olhos.

Alguns instantes depois, apesar dos esforços de médicos e enfermeiros o garoto cerrou levemente os olhos. Nesse instante, chegava a equipe do plano espiritual para ajudá-lo na passagem. Lentamente, a criança foi tendo a sensação de que levitava. Do teto do quarto, via seu corpinho frágil deitado na cama. Nessa hora, uma entidade de luz foi fazendo o desligamento do cordão fluídico, já muito tênue. D. Marta se mantinha continuamente em prece, também ajudando na passagem.

Ao perceberem os sinais de que a vida física havia se extinguido, os médicos e enfermeiros se entreolharam e, sem dizer nada, desligaram os aparelhos. Sandrinho, agora totalmente liberto, abraçou os tios e beijou primeiramente d. Marta e depois Gisele. Eram suas duas mães. Em seguida, seguiu com a equipe socorrista para os planos mais altos do mundo espiritual.

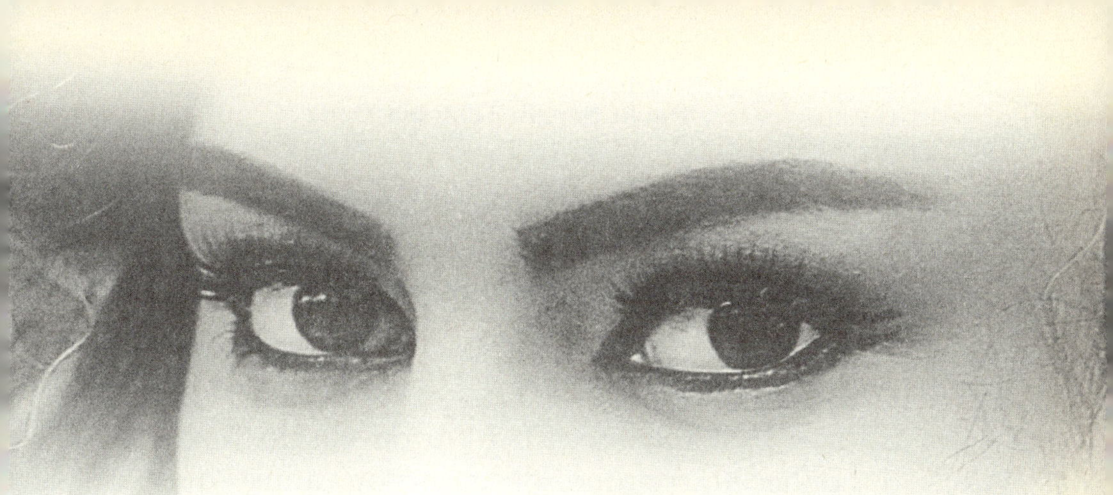

19. A recaída

No plano espiritual, orientado por Raimundo e pela irmã Joana, Junior se sentia bem à vontade. Lembrava-se de já ter realmente passado por ali e as pessoas começavam a se tornar familiares. Ele fora recebido com honras na Colônia do Triunfo, por ter cumprido sua missão na Terra e se preparava para integrar missões, a fim de dar proteção principalmente aos entes queridos, aos quais ainda estava ligado pelos laços afetivos.

— Agora vamos ao pavilhão da recuperação. Quero que conheça uma pessoa recém-desencarnada na Terra, que está passando por um tratamento intensivo aqui na colônia - disse-lhe Raimundo.

Junior ficou curioso.

— Vamos lá, mas quem é essa pessoa?

— Espere, veremos se reconhece.

E entraram no pavilhão, onde havia um grande corredor com diversos quartos, a exemplo dos hospitais terrenos. Raimundo parou diante de uma porta, deu um toque e entrou. Ao entrarem, encontraram uma criança em sono profundo. Sua face estava pálida, com grandes olheiras. Recebia tratamentos com luzes coloridas, enquanto enfermeiros aplicavam passes magnéticos.

Raimundo falou:

— Este menino é o filho da Gisele. Você não o conheceu, porque desencarnou antes que ele reencarnasse.

Junior se sentiu emocionado e perguntou:

— Ele vai manter o aspecto de criança, mesmo depois que se restabelecer?

— Provavelmente, não. Ele poderá assumir a aparência de outra encarnação anterior. A escolha é dele.

Raimundo relatou toda a existência terrena de Sandro.

— Como você sabe de tudo que aconteceu à minha família?

— Raimundo sorriu e disse:

— Porque já estive encarnado junto com ela.

— Meu pai também se chamava Raimundo...

O outro voltou a sorrir e a mente de Junior foi se dilatando, as lembranças foram voltando, até que ele exclamou:

— Meu pai!... Você partiu quando eu era criança. Como senti sua falta... – e os dois se abraçaram em um clima de muita emoção.

Naquele momento, Junior recobrou a memória de suas encarnações anteriores e de todo o planejamento reencarnatório de que participara. Lembrou-se também de Robson, sentia que estava na hora de ele ser resgatado do Vale dos Viciados.

— Vamos, Raimundo, vamos buscar Robson. Ele pede ajuda - e desceram rumo ao Vale dos Viciados.

***

No plano terreno, a rotina tinha que continuar, cada um com os seus afazeres. A vida de Gisele, após o desencarne do filho, passou a ficar sem perspectivas. Apesar de ser ainda jovem, ela não encontrava motivação para viver. Percebendo isso, d. Marta passou até a incentivar a filha a sair nos fins de semana e a se divertir entre os amigos de sua idade, mas sempre recomendando que não se envolvesse com álcool ou qualquer outra droga.

Estevão também precisava sair e se divertir e d. Marta incentivava os filhos a saírem juntos. Assim, o rapaz podia observar as atitudes e as companhias da irmã. Estevão havia encontrado uma garota que se interessou por ele e logo começaram um namoro, deixando Gisele mais à vontade, sem a presença constante do irmão.

Numa noite, um dos amigos de Gisele convidou a turma para fumar maconha. Era um grupo de jovens sem experiência no uso de drogas e aquilo seria apenas uma oportunidade para experimentarem algo novo. Eles pretendiam que ficasse apenas na experiência, depois abandonariam.

Quando ofereceram, Gisele não aceitou, passando a dar conselhos aos amigos, alertando-os sobre os perigos e os danos que a droga provocava. Ela havia se interessado por um rapaz do grupo de amigos e estava sendo correspondida. Esse jovem era justamente o que havia feito a tal proposta. A moça tentou por todos os meios evitar que fizessem aquilo, mas não conseguiu.

Com os novos hábitos do grupo, ela se sentiu deslocada e excluída. Assim, quando saía, não encontrava ambiente e sempre voltava para casa mais cedo. Com o passar do tempo, foi se sentindo só e triste. Isto a levou a se sentir deprimida. A necessidade da droga havia voltado, fazendo com que as crises de depressão aumentassem.

Uma noite, Gisele procurou pelos amigos e não os encontrou. Resolveu então ir para o centro da cidade. Sabia onde comprar cocaína e, sem pensar, conduzida por uma força poderosa, comprou a droga, deu uma cheirada, depois outra, e mais outra... Queria descontar o atraso e, quanto mais usava, mais tinha vontade de usar, até que desmaiou em um canto. Havia consumido tanta cocaína, que entrou em coma.

Daí para frente, sentiu a presença de seres monstruosos sugando sua energia. Viu seu Espírito ser arrastado pelas entidades trevosas, queria voltar para o corpo, mas não encontrava forças. Olhou pela última vez para o seu corpo desfalecido e sentiu pena e nojo de si mesma. Ela não entendia porque estava sendo levada e seu corpo se mantinha imóvel no chão. Um dos seres das trevas lhe disse que havia morrido, mas ela não acreditou, pois se sentia viva. Por fim, chegaram a um lugar onde havia um grande portal e Gisele perguntou:

— Que lugar é este?

O bando ria e zombava dela.

— É o Vale dos Viciados.

Novamente soltavam gargalhadas sarcásticas.

Um grande portão se abriu e ela foi conduzida para o seu interior. Ali sentiu arrepios. A escuridão era imensa e o cheiro provocava náuseas. Sentiu que descia por abismos onde cada vez mais aumentava aquele odor de putrefação. Sentia medo e um frio cortante congelava seu Espírito.

Robson ficou sabendo da chegada de Gisele no Vale dos Viciados. Sentiu pena dela, e quis protegê-la, mas estavam separados por níveis vibratórios. Ao perceberem o sentimento de Robson por Gisele, o comando passou a considerá-lo um traidor, pois sentimentos como amor e piedade não eram próprios daquela faixa vibratória das trevas. Quando questionado, o rapaz falou de seus sentimentos por ela:

— Eu não quero ficar aqui, não quero mais trabalhar para vocês. Vou procurar a Gisele.

— Você vai perder suas regalias - ameaçou o chefe da falange das trevas.

— Não me importo. Não sou viciado. Vocês não têm como me punir me deixando sem as drogas. Eu não dependo delas. Gisele, apesar de dependente, é mais uma vítima. Sempre sofreu, procurando se livrar do vício, mas os obsessores não permitiram. Quando começou a usar, foi para atender anseios do coração e acabou traída. Vou embora daqui.

Dizendo isso, Robson desceu até as profundezas dos abismos, tentando encontrar a moça. Pediu perdão a Deus, reconhecendo seu erro. Queria reparar o mal que havia praticado. Orou por Gisele também, pois queria livrá-la daquela região de sofrimento.

Em seguida, começou a enxergar uma luz, a princípio tênue, mas, passados alguns instantes, passou a envolvê-lo. Agora ele não sentia mais frio, pois a luz emanava calor. Nessa hora, ouviu uma voz dizendo:

– Venha, Robson. Agora é o seu momento, o de Gisele chegará. Não perca tempo, venha! A caravana já vai partir, levando aqueles que reconheceram seus erros e suplicaram pela misericórdia de Deus.

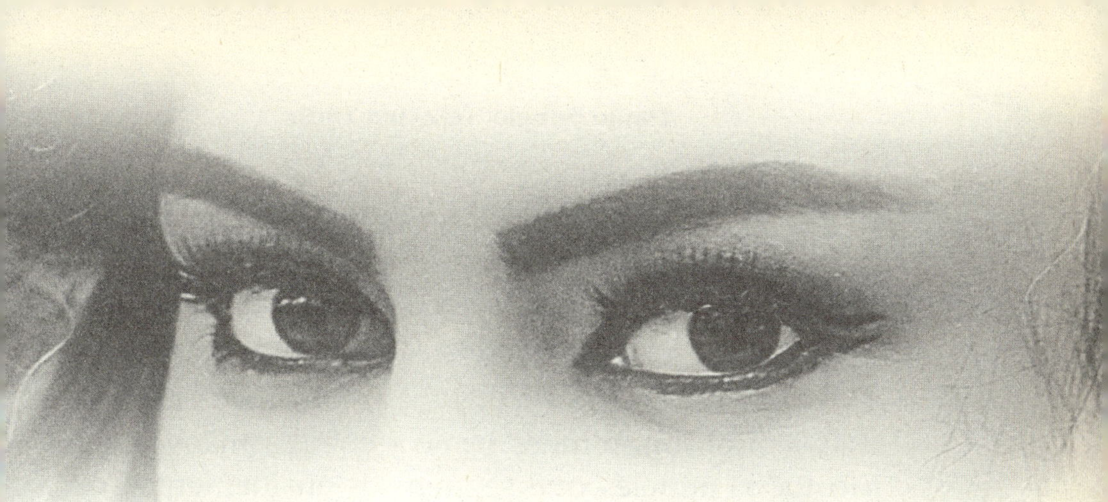

20. Na colônia e no vale

Robson se integrou à caravana que partiu para a Colônia do Triunfo, mas não se esqueceu de Gisele. Apesar da dificuldade em olhar para a luz, devido ao tempo que ficara naquela região de trevas, o rapaz se esforçava para admirar as paisagens que se descortinavam à sua frente. Enquanto se dirigiam à colônia, seu protetor lhe mostrava as belezas e a magnitude do Universo. Apresentou-se em seguida:

— Robson, eu sou Junior. No momento, você não se lembra de mim, mas fazemos parte de uma legião de Espíritos que estão ligados desde eras longínquas. Estive encarnado na Terra, no período em que você também estava lá, mas, apesar de vivermos muito próximos, não chegamos a nos conhecer.

Enquanto o rapaz falava, Robson percebia que Junior era um Espírito de muita luz, e sentiu que estava ali movido por um sentimento de amor que ele não conhecia.

— Eu fui irmão de Gisele, enquanto encarnado.

Quando Junior falou em Gisele, despertou em Robson lembranças do dia em que o jovem fora assassinado, quando Estevão chegara à sua casa procurando pela irmã.

– Mas, Junior, Gisele é sua irmã. Você não vai fazer nada por ela? Não vai tirá-la do Vale dos Viciados, como fez comigo?

– Robson, minhas irmãs e meus irmãos agora são todos aqueles que seguem os ensinamentos de Jesus. Apesar de ela, assim como você, ter ligações da eternidade comigo, não posso transgredir as leis e priorizar essa ou aquela pessoa. Todos têm o momento certo de serem socorridos. Você cumpriu seu tempo no Vale dos Viciados, ela terá o tempo dela. Enquanto Gisele não se conscientizar da parcela de culpa pelos acontecimentos negativos que provocou - principalmente sob o domínio do vício - e não reconhecer sua fragilidade diante do Criador, não poderá ser resgatada. Se transgredíssemos as leis e a resgatássemos antes que ela, por meio da dor, perceba a consequência de seus atos, não estaríamos contribuindo em nada para a sua evolução espiritual. Em vez de beneficiar, estaríamos atrasando o seu progresso. Isso poderia até contribuir para que sua experiência fosse em vão.

– Junior, eu mesmo cheguei a refletir sobre isso enquanto estava naquele lugar de sofrimento. Por que fui conduzido para lá, se nunca fui viciado?

– Robson, apesar de você não ter sido viciado, você viveu do vício, tanto quanto aqueles dependentes. Sua responsabilidade talvez tenha sido maior do que a dos inocentes que entraram no vício induzidos por obsessores. Ninguém é levado para uma região ou outra, ninguém age como juiz, condenando as pessoas a viverem nessa ou naquela região, a pessoa é atraída pela sua própria faixa vibratória.

— Então eu fui para o Vale dos Viciados por minha própria culpa? Atraído pela minha própria vibração?

— Sim. Mas agora é hora de você descansar, vamos?

Robson seguiu Junior, que o levou até um prédio com aspecto de hospital, conduzindo-o até um quarto todo branco, com uma luz suave e uma cama cuidadosamente preparada.

— Pode se deitar aí nesta cama. Você precisa repousar e amanhã começará a receber os tratamentos.

— Tratamentos?

— Sim, acalme-se. Amanhã conversaremos mais. Procure dormir, isto lhe fará bem.

Robson se deitou na cama, agradecendo a Deus pelo resgate, e logo adormeceu. No dia seguinte, o sol lançava os primeiros raios na Colônia do Triunfo. O rapaz acordou e, quando olhou ao lado de sua cama, viu uma pessoa de branco, parecida com um enfermeiro da Terra, com um copo na mão e, dentro dele, um líquido transparente.

— Bom dia, meu irmão! Vim trazer seu medicamento.

— Deve ter ocorrido um engano! Eu não estou doente. Este medicamento deve ser para outra pessoa.

O enfermeiro sorriu e disse:

— Meu irmão, aqui não existe possibilidade de erro, fique tranquilo. Este medicamento é para você mesmo. Pode tomá-lo que lhe fará bem.

Robson pensou em recusar, mas se lembrou do Junior, de sua dedicação. Ele não cometeria um erro, colocando-o nas mãos de alguém despreparado. Assim pensando, tomou o medicamento. O enfermeiro ia se retirando, quando Robson lhe disse:

— Gostaria de falar com o Junior, se for possível.

— Quando quiser falar com ele, é só chamar.

— Mas como faço para chamá-lo?

— Pense nele.

Robson pensou em Junior e o amigo logo estava ao lado de sua cama. Ele se assustou com aquilo e perguntou como acontecia. Junior apenas sorriu e Robson comentou:

— Junior, este enfermeiro me trouxe um medicamento, mas eu não estou doente. Ele deve ter se enganado. O medicamento devia ser para outro paciente.

Junior voltou a sorrir.

— Robson, aqui não existem erros. Você pensa assim, porque está acostumado com as falhas dos encarnados. Aqui é diferente.

— Que doença eu tenho, então?

— Você, apesar de não ser viciado, viveu na Terra como um viciado. Seu vício era o dinheiro e o poder, e o que alimentava sua necessidade de dinheiro e poder era a droga. Então você recebeu todas as toxinas da droga e, indiretamente, era dependente dela. Observe como você viveu no Vale dos Viciados, você trabalhou para que novas pessoas usassem drogas e plasmassem mais pó. Não era assim que pagavam os obsessores que trabalhavam para vocês? Você não necessitava de drogas, mas trabalhou para o comando das trevas sem perceber, porque estava acostumado a esse trabalho. Eles não tinham como puni-lo, caso recusasse, mas você estava obcecado pelo poder e aceitou aquela manipulação, sem perceber.

Robson estava reflexivo. Tudo aquilo começava a lhe fazer sentido.

— Eu vou ficar neste quarto por muito tempo? - perguntou.

— Depende de você, meu irmão. Estamos usando medicamentos que reconstituirão as células lesionadas pelas toxinas da droga. Essa parte é a mais fácil, entretanto, a fase seguinte é um pouco mais difícil, pois você terá que se curar dos miasmas psicológicos provocados pelo seu modo de vida, enquanto encarnado. Mas tenha fé, que Deus não abandona nenhuma de suas criaturas e você terá todos os recursos para se curar psicologicamente do dano que sofreu.

— Como as células estão lesionadas? As células são do corpo físico e agora eu não tenho mais um corpo físico...

— Nosso perispírito é uma cópia fiel do nosso corpo físico. Portanto, se as células foram lesionadas, essas lesões se refletem no perispírito. É por isso que precisamos usar os medicamentos para tratá-las. Fique tranquilo, Robson, quando a primeira etapa estiver concluída, você vai sair deste quarto. Tenho coisas maravilhosas para lhe mostrar.

No Vale dos Viciados, Gisele, ainda sob o efeito da cocaína que provocou seu desencarne, mostrava-se apática. Tinha dúvidas se havia mesmo desencarnado, se aquilo era um sonho ou uma alucinação causada pela droga. Via Espíritos horríveis dizendo blasfêmias e impropérios contra Deus e principalmente contra aqueles que contribuíram para que estivessem naquelas circunstâncias.

Alguns lutavam entre si, trocando acusações e partindo para agressões, mergulhados naquela lama fétida. Eram verdadeiros horrores. Alguns, ainda mais comprometidos, haviam perdido até a forma humana, tamanha a deformação, tomando aspectos de verdadeiros monstros.

Com o passar do tempo, ela foi recobrando a lucidez e percebendo a realidade em que se encontrava. Lembrou-se da mãe. Como deveria estar arrasada com a sua morte, mas, ao mesmo tempo, pensava que com sua ausência, a paz voltaria àquela casa. Era a culpa que se manifestava e, a partir daí, seria mais um instrumento de tortura que teria de enfrentar.

Refletia e se lembrava dos momentos que lutara contra as drogas. Lembrava-se da escola, dos colegas, do namorado que a deixou por outra garota e a revolta também passou a se manifestar. Era mais um sentimento que faria parte de seu suplício. Lembrou-se de Pezão, desejou que ele também estivesse ali, sofrendo os horrores daquele lugar. Até a lembrança de Manuela agora era motivo de revolta. Gisele não a perdoara por ter deixado transparecer que não aprovava suas atitudes.

Gisele tinha dificuldade para obsedar os viciados encarnados e satisfazer seu vício. Por causa disso, não obtinha a droga de que necessitava, mesmo estando sem seu corpo físico. Com isso, enfrentava crises loucas de abstinência.

***

No plano material, a polícia havia encontrado o corpo de Gisele, caído sob uma marquise, onde os moradores de rua passavam a noite e usavam principalmente cocaína e crack. Ao revistarem sua bolsa, encontraram o nome e o endereço.

D. Marta, que esperava a filha voltar da festa, não havia dormido naquela noite. Quando a notícia da morte de Gisele chegou ao seu conhecimento, o corpo dela já estava no IML. Novamente João Pedro foi quem providenciou aos preparativos para o sepultamento.

D. Marta, sempre resignada com as tragédias que enfrentava, espelhava-se em Maria de Nazareth, que vira Jesus ser açoitado e morto na cruz. Ela associava a cruz à cocaína; como a cruz fora o instrumento da morte de Jesus, a droga era o instrumento que dizimara sua família. Começava pelo marido, que morrera atingido por uma bala perdida, na luta do tráfico com a polícia. Depois, Junior; morto por um menor que portava arma fornecida pelo tráfico. Sandro possivelmente herdara a doença de forma hereditária da mãe ou do pai, usuários de drogas e, por fim, Gisele, que morrera por overdose. A droga era a sua cruz e ela tinha que carregá-la até o fim.

Nos tempos que se seguiram, houve um período de paz. Estevão havia se casado. Denise e João Pedro lhe dera um neto. O garoto se chamava Tiago. Era um menino forte, saudável e crescia com saúde e sua inteligência encantava a todos. Mas d. Marta, apesar do carinho dos filhos, da nora e do neto, sentia muita saudade dos que haviam partido. Lembrava-se de Junior como um iluminado; de Sandro, como um anjo que só havia conhecido o sofrimento; e de Gisele, também tão sofrida, que lutara o quanto pôde para se livrar do vício, mas sucumbira por conta de sua fraqueza.

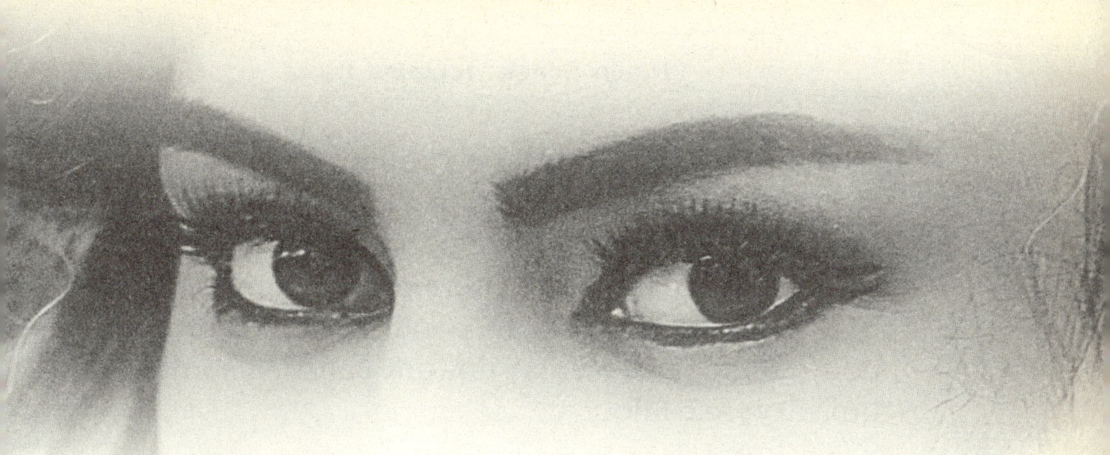

21. Resgate de Gisele

No plano espiritual, o tratamento de Robson, com água fluidificada e passes magnéticos, foi intensificado. O rapaz estava melhorando. Junior sabia que o amigo, apesar de estar se livrando das toxinas provocadas pela atmosfera do Vale dos Viciados, teria que se adaptar à Colônia do Triunfo e reaprender a pensar sob a ótica do amor, da caridade e do perdão, conforme os ensinamentos de Jesus.

Robson ainda encarava as situações na base do "olho por olho, dente por dente", pois não tinha adotado o perdão como filosofia de vida. Não conhecia a caridade gratuita e pensava sempre em fazer o bem para receber alguma coisa em troca. Faltava-lhe aprender as noções da caridade pura. Quando se falava em amar os inimigos, ele não conseguia entender. Achava que inimigo teria que ser vencido e não perdoado. Quando se falava em ofensas, ele pensava logo em vingança.

Terminado o tratamento, Junior o convidou para andarem pelas alamedas da colônia, onde árvores frondosas ofereciam sombras a quem passasse. A princípio, Robson, encantado pela beleza da colônia, se ocupava em perguntar ao amigo sobre as construções e as funções de cada departamento ali existente. Junior não saberia responder, se sua consciência não tivesse se dilatado e as lembranças da eternidade não houvesse aflorado. Foi respondendo, até que convidou o amigo a se sentar em um banco, à sombra de uma árvore e falou:

— Robson, Jesus, quando encarnou na Terra, nós éramos ainda muito rudimentares no que se refere às sutilezas que hoje somos capazes de entender.

— Por que você fala "nós", se não vivemos naquela época?

— Nossos Espíritos foram criados simples e ignorantes, em um passado longínquo e, desde nossa criação, vamos evoluindo. Passamos pelo período de Moisés, quando aprendemos segundo as leis mosaicas, e pelos ensinamentos divinos, contidos no decálogo. Essas leis se pautavam geralmente nas proibições, assim como se faz com uma criança. Não se pode fazer isso ou aquilo. Jesus veio para dar cumprimento a essas leis, mas introduziu o amor entre os homens. Às vezes, ele tinha necessidade de falar por parábolas, para que o povo entendesse. Quando falou de amor e perdão, as pessoas tinham dificuldade de entender porque, por muitos anos, a lei que vigorava era a do "olho por olho, dente por dente".

Você, enquanto encarnado, viveu sob um regime onde se conseguia vantagens por meio da força e da dominação. Depois, no Vale dos Viciados também viveu num regime de dominação àqueles infelizes dependentes. Quero que você refaça essa maneira de pensar. Deus, em sua infinita misericórdia, nos provê de tudo, basta que entendamos e observemos a filosofia do amor; que aprendamos a partilhar com os nossos irmãos, que consigamos enxergar a presença do Cristo na figura do próximo, não bastando entender as mensagens dele, mas assimilá-las e colocá-las em prática.

Robson estava encantado com a fala de Junior, pois nunca tinha ouvido palavras como aquelas. Vivera sempre preocupado em adquirir mais dinheiro e poder, sem olhar para irmãos desgraçados que, para conseguir a droga, eram capazes de roubar seus próprios familiares, destruir seus entes mais queridos. Agora, começava a entender por que Junior havia lhe dito que teria que se curar dos miasmas psicológicos. Sentiu vergonha... Como tinha conseguido viver tão cego para a verdadeira vida?

— Junior, eu quero trabalhar aqui na colônia. Quero fazer pelos outros o que você está fazendo por mim - disse ele.

— Calma, Robson! Primeiro você precisa cuidar de si, para que tenha condições de cuidar dos outros. Realmente, a grande bênção é poder trabalhar, é poder estar em sintonia plena com o amor, exercendo a caridade sem nenhum interesse. Pelo trabalho, nos sentimos integrados ao sistema como uma abelha faz parte da colmeia.

Robson ficou pensativo. Aquelas palavras refletiam o que estava sentindo. Elas traduziam um sentimento que já brotava em seu coração, mas não tinha como expressar. Por fim, falou:

— Junior, uma coisa tem me incomodado de uns dias para cá.

— O que é?

Tenho pensado sempre em Gisele e agora ainda com mais intensidade. Queria poder socorrê-la no Vale dos Viciados. Quando fui resgatado, tentei trazê-la conosco, mas você disse que não poderia, porque o momento dela ainda não havia chegado. Mas, agora, talvez ela já tenha condições de ser socorrida.

— Robson, essas vibrações que você está recebendo de Gisele é porque ela está a cada dia mais em condições de ser resgatada. Quando estiver totalmente pronta, nós iremos buscá-la.

No Vale dos Viciados, Gisele, movida pela crise de abstinência, entrava em desespero, blasfemava contra Deus e contra todos. Cada vez que se debatia como uma desesperada, afundava ainda mais nos abismos gelados e sombrios do vale. Nas profundezas, os Espíritos eram ainda piores e mais assustadores, e a acusavam:

— Vagabunda! Você quis se dar bem na vida, não é? Renegou seu filho, fruto de sua vadiagem. Você o matou... O Sandro morreu, porque você o desprezou. Sua mãe, que sempre quis o seu bem, você lhe tirou a alegria de viver. Sabe quantas vezes ela chorou e você nem ficou sabendo? Quantas vezes ela deixou de comer para pagar os prejuízos que você causou? Seu irmão sempre trabalhou honestamente e você vendeu a única coisa que comprou para si, com o dinheiro do seu trabalho suado. Sabia o que aquela câmara representava para ele? Sabe a dificuldade que passaram para pagar sua internação na casa de recuperação? E você deu valor?

Pela primeira vez, Gisele se sentiu só. A consciência lhe acusava, porque ela sabia que tudo aquilo era verdade. Tinha vivido somente para si e fora incapaz de perceber o amor das outras pessoas, principalmente dos familiares. Havia se destruído e destruído sua família. Um profundo arrependimento tomava conta da moça. Se pudesse voltar atrás e fazer tudo de novo, faria diferente, ouviria principalmente os conselhos da mãe. Eram os primeiros sinais de arrependimento.

Quando se deu conta, estava completamente atolada na lama. Sentia-se ninguém, ou pior do que isso, uma devedora. Como ressarciria aos que prejudicara? Queria pedir perdão a todos, mas nem disso se sentia digna.

Na Colônia do Triunfo, Raimundo e Junior davam assistência a Sandro. Aos poucos, o garoto foi melhorando. Como o desencarne ocorreu quando ele ainda era criança, seu objetivo fora alcançado, porque, por meio de sua doença, Pezão e sua família se perdoaram. Durante a enfermidade, Gisele se manteve ocupada e não teve necessidade de usar droga. Ele logo se recuperou, porque a parte psicológica se manteve preservada.

Raimundo e Junior foram receber o garoto, que se juntou ao grupo de Espíritos ligados pelo mesmo planejamento reencarnatório. Logo em seguida, recobrou a memória espiritual e começou os trabalhos em favor dos recém-desencarnados da Terra, além de participar das ações empreendidas por Junior, Raimundo e Robson.

No Vale dos Viciados, Gisele, agora arrependida pela vida que levara na Terra, e se vendo impotente para sair da situação em que se encontrava, resolveu fazer uma prece, rogando a Deus que a socorresse.

Ela se reconhecia uma pecadora que pedia perdão e necessitava de ajuda.

Há muito tempo não se lembrava de fazer uma prece, nem mesmo quando Sandro estava no hospital, em fase terminal, ela buscara ajuda na oração. Lembrou-se de que tudo que existia, devia ter um criador e que este criador devia ter poderes sobre todas as coisas, inclusive de livrá-la da situação em que se encontrava. E orou:

— Senhor, sei que não sou digna nem mesmo de vos chamar de Pai, mas acredito na vossa infinita misericórdia e venho vos rogar que olhe por mim. Eu nada sou. Sempre fui uma viciada, fiz sofrer pessoas que me dedicaram amor e carinho. Andei por caminhos tortuosos, me prostituí, roubei para sustentar meu vício, reneguei meu filho... Mestre Jesus, vós que não condenastes a mulher adúltera, vós que curastes Maria de Magdala, curastes cegos e leprosos, tenha piedade de mim! Cura meu Espírito que traz as feridas da lepra espiritual, cura-me da cegueira para enxergar os vossos ensinamentos de amor e caridade. Jogo-me a vossos pés, Senhor, como a mais miserável das pessoas. Tu sabes que sem vós não sou capaz de me erguer do abismo moral em que mergulhei. Espero, senhor, com resignação e paciência, o momento de merecer a vossa misericórdia.

Quando pronunciou a prece, os amigos da Colônia do Triunfo sentiram que havia chegado a hora do resgate. Imediatamente, a equipe partiu para a região densa do Vale dos Viciados. Enquanto a caravana liderada por Raimundo vencia a distância, os amigos se mantinham em prece, pedindo proteção para descer aos abismos daquele vale. Tinham que se manter em altas vibrações e em conexão contínua com os Espíritos de luz que os protegiam com seus elevados sentimentos de amor e caridade.

Quando chegaram ao portal do vale, passaram pelas sentinelas sem serem notados. Apenas observavam que provocavam influências naqueles Espíritos sombrios, que não sabiam o porquê daquelas reações.

Raimundo seguia à frente, acompanhado por Robson. Desciam os íngremes desfiladeiros que conduziam à região onde Gisele se encontrava em meio à escuridão. Quando, nas proximidades onde ela se encontrava, Robson pôde ver uma tênue luz que emanava de um farrapo humano mergulhado na lama. Era Gisele. Seu coração bateu descompassado. Recolheram aquele corpo fluídico que mais parecia um mendigo. Quando a equipe das trevas percebeu o resgate, avançou contra o grupo, mas nada podia fazer contra os enviados das luzes e se retiraram em debandada. Gisele foi levada inconsciente para a Colônia do Triunfo.

Ao chegarem, logo foi providenciada a condução da moça aos departamentos da recuperação. A equipe se maninha em vigília, fazendo preces por aquele Espírito tão necessitado, que acabava de ser resgatado. No interior do quarto, os tratamentos se intensificavam, sendo mobilizados todos os recursos em favor da paciente. Quando a equipe dos amigos de Gisele estava reunida, uma luz intensa se fez presente no meio deles. Era irmã Joana que vinha doar fluidos para a moça, que se mantinha em sono profundo.

Robson perguntou:

— Irmã Joana, por que Gisele se mantém como se estivesse em coma? Passam-se os dias e ela, apesar do tratamento, não dá sinais de melhora.

— Robson, como você sabe, pelo tempo que Gisele usou drogas, lesionou gravemente o seu corpo. Suas ações enquanto encarnada, agredindo seu corpo físico, proporcionaram a lesão também em seu perispírito. Sua conduta de agressão ao corpo a levou a um processo de suicídio inconsciente e, como você também sabe, nosso corpo físico é o instrumento que recebemos para cumprir nossos planejamentos reencarnatórios. Muitos Espíritos aguardam a oportunidade de reencarnar para resgatarem débitos e, quando recebem o corpo, não cuidam dele como deveriam. Nosso corpo nos é dado pela misericórdia divina para que possamos fazer o melhor uso dele em benefício do nosso Espírito e da evolução para a qual fomos criados. Portanto, cabe a nós, enquanto encarnados, cuidar com o maior zelo possível. Ele é o santuário do nosso Espírito e não nos cabe profaná-lo.

— Após o tratamento, ela ficará boa?

— Robson, Gisele está muito comprometida pelo fato de destruir seu próprio corpo. Mas, se ficar alguma sequela, ela terá nova oportunidade na carne para se refazer. Existem lesões perispirituais que somente uma nova oportunidade na carne é capaz de reparar. Ela poderá, em uma nova encarnação, ter uma predisposição para se drogar novamente. E, se sucumbir, terá que voltar quantas vezes for necessário, para que consiga vencer o vício que está potencializado em seu perispírito.

— E se ela não tiver nenhum contato com as drogas, em sua nova encarnação?

— Ela só vencerá o vício quando tiver a oportunidade e conseguir resistir. Do contrário, nunca terá a certeza da cura.

— Os amigos que encarnarem com ela poderão ajudá-la a vencer?

— Sim, com certeza. É para isso que existem aqui no departamento da reencarnação estudos de quais Espíritos reencarnarão juntos. O local mais apropriado para a reencarnação e as condições ambientais que o Espírito irá enfrentar. Tudo isto faz parte do planejamento encarnatório.

— Então é por isso que o Junior me disse que, ao visitar o pavilhão da reencarnação, viu grupos de estudos que programavam as reencarnações e que os estudos passavam pela sua aprovação, para serem concretizados?

— Sim, Robson, mas aqui não é como na Terra, onde os chefes impõem uma hierarquia rígida aos seus subalternos. Aqui, cada um tem seu livre-arbítrio. Eu apenas dou sugestões nas decisões do grupo, porque eles, por estarem ligados afetivamente uns aos outros, às vezes são impedidos de tomar as melhores decisões por causa dos sentimentos afetivos. Mas eu, de fora do grupo, consigo perceber certas nuances que eles não conseguem e os oriento por meio da razão.

Robson estava encantado com as explicações de irmã Joana. Ele estava acostumado com um sistema em que o chefe é quem mandava e impunha sua autoridade por meio da força e de punições severas. Sentiu que as palavras de irmã Joana tinham o objetivo de mostrar como o amor e o respeito predominavam na Colônia do Triunfo, e que sentimentos de egoísmo, orgulho e vaidade já estavam superados ali.

Gisele permanecia naquele estado semelhante ao coma, mas suas feições apresentavam melhoras dia após dia. Ela já não apresentava aquela vibração pesada de quando fora resgatada, apesar de não perceber os amigos, principalmente Robson, que não arredava o pé do seu lado.

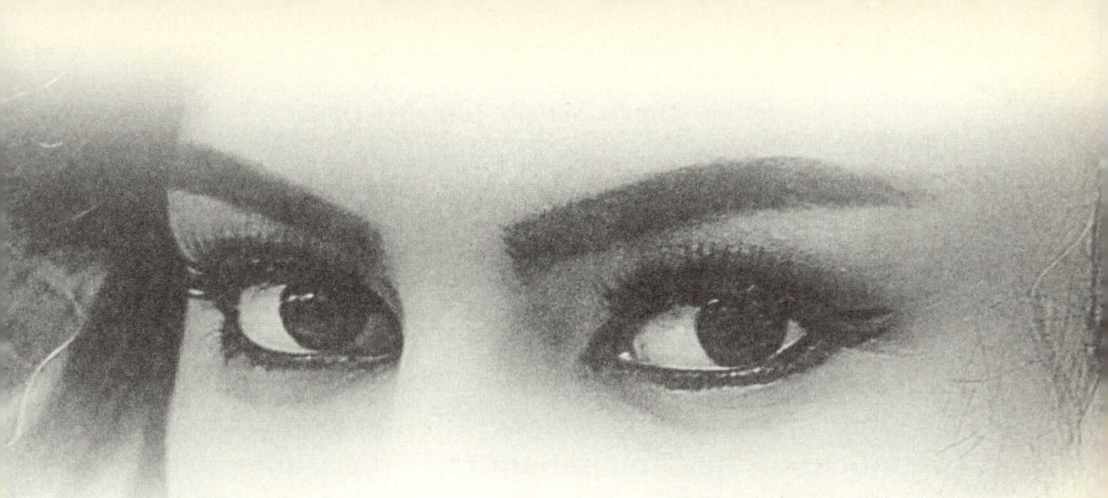

22. Doença de d. Marta

Enquanto isto, no plano material, o tempo havia passado e d. Marta já não era mais aquela mulher dinâmica, que enfrentava as adversidades com coragem e determinação. Começava a apresentar sinais de envelhecimento e exigia uma constante assistência dos filhos, das noras e até do neto, que a alegrava com seu carinho. Andava sentindo umas dores no peito que preocupavam os filhos. Eles não a deixavam se descuidar das consultas e dos exames médicos.

Nessa época, ela já havia se aposentado e intensificava o trabalho nas tarefas da Casa Espírita, onde encontrava paz em seu coração e uma maneira de preencher o tempo. Havia instituído em sua casa o culto do evangelho no lar, quando todos participavam e refletiam sobre os ensinamentos de Jesus.

Num fim de semana em que João Pedro chegou com a família, encontrou a mãe deitada, queixando-se de dores no peito e falta de ar. Ele a levou ao posto de atendimento médico de urgência, onde d. Marta foi atendida por um plantonista. Após a consulta, ela foi encaminhada para uma sala de observação. O médico chamou João Pedro e o aconselhou a levar

d. Marta a um hospital especializado em doenças do coração, pois havia notado irregularidades em seus batimentos cardíacos.

Imediatamente se dirigiram ao hospital, onde o médico, após examiná-la, sugeriu que ela ficasse internada, para que fossem feitos exames mais minuciosos, que apontariam mais precisamente algum problema em seu estado de saúde. Apesar da medicação, os sintomas não cederam, principalmente a falta de ar, que se tornara mais intensa, necessitando da utilização do tubo de oxigênio.

D. Marta ficou internada e, numa noite em que Estevão fazia companhia à mãe, o quadro se agravou. O rapaz ligou para João Pedro, que sentiu um aperto no peito e correu para o hospital. D. Marta lançou um olhar para os filhos. Sua expressão era de serenidade, mas parecia que se despedia. Naquela noite, nenhum dos dois retornou para casa, preferindo permanecer no hospital.

Durante a madrugada, uma enfermeira chamou Estevão, dizendo-lhe que chamasse o restante da família, porque o quadro de sua mãe havia se agravado e ela poderia partir a qualquer momento. Os irmãos receberam a notícia num clima de profunda tristeza. João Pedro ligou para Denise para que deixasse Tiago na casa da mãe dela e se dirigisse ao hospital, levando também Carolina, esposa de Estevão. Quando as mulheres chegaram, d. Marta respirava com extrema dificuldade, apesar do oxigênio. Ainda assim a expressão de serenidade permanecia em seu rosto.

Ao ver a família, sua respiração foi voltando ao normal. Havia ocorrido uma sensível melhora. Todos se animaram e as esperanças se reacenderam. Era o momento que a equipe espiritual, encarregada de fazer a passagem, havia chegado. D. Marta chamou um a um dos familiares que se encontravam ali, pedindo que se aproximassem do leito, beijou a todos e perguntou por Tiago, mandando-lhe um beijo carinhoso.

Em seguida, olhou ao seu redor e seu rosto se iluminou. Lá estavam a irmã Joana, Raimundo, o esposo querido acompanhado de Junior, Sandro e Robson. Percebeu que seu momento havia chegado. Uma paz que nunca havia sentido tomou conta da velha senhora. Iria partir em companhia dos entes queridos. Sentiu uma forte tontura, perdeu momentaneamente o sentido. Quando despertou, viu seu corpo inerte na cama. Enfermeiros desligavam os aparelhos e os amigos espirituais convidavam-na para fazer a grande viagem. D. Marta ainda lançou um último olhar aos familiares encarnados e partiu rumo às esferas superiores em companhia daqueles que amava, e que, por desígnios de Deus, haviam partido e retornavam para acompanhá-la na gloriosa viagem aos altiplanos espirituais.

A morte de d. Marta deixou uma lacuna dentro da família, pois sempre fora sua viga mestra. João Pedro e Estevão absorveram da mãe os mais sólidos ensinamentos, o que os fez cidadãos trabalhadores e honrados, mesmo vivendo em uma comunidade dominada pelo narcotráfico. Apesar de passarem por traumas pela perda do pai, da mãe, do irmão, da irmã e do sobrinho, sempre foram honestos, não se deixando contaminar pelas seduções do dinheiro fácil nem pela influência daqueles que faziam da droga o sustento de suas vidas.

Os dois haviam constituído suas famílias, criando seus filhos baseado nos valores que a mãe havia lhes transmitido e não nas ilusões de um mundo dominado por valores tão deturpados, onde principalmente o jovem que não tem uma estrutura sólida e um diálogo permanente com os pais, alicerçado no amor, na confiança e na compreensão, fica a mercê da subversão e dos vícios que os escravizam.

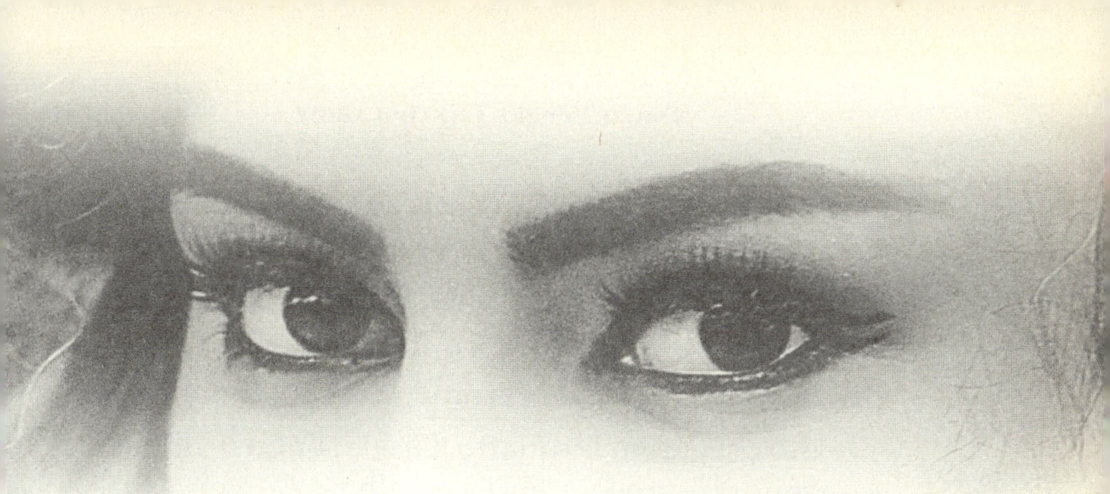

23. O grande encontro

O Espírito de d. Marta havia chegado à Colônia do Triunfo. Irmã Joana e seus tutelados estavam em festa pelo retorno de um dos Espíritos de maior luz dentro do grupo, respeitado por sua elevação moral. Apesar de toda a evolução, não deixara de sofrer os embates normais da passagem do plano terreno para o plano espiritual.

Fora levada para repousar e receber as energias revitalizadoras, dedicadas a todos os que chegam à colônia. Durante alguns dias, recebeu tratamentos e descansou no pavilhão da recuperação. Logo que se restabeleceu, queria se encontrar com os amigos que aguardavam pela matriarca querida. Ao se encontrarem, d. Marta os saudou:

— Meus queridos, quantas saudades! Orgulho-me de vocês por terem cumprido tão bravamente suas missões. Meu querido esposo, quanta falta você nos fez! Obrigada por ter sido marido e pai exemplar. Sandro, meu anjo querido. Robson, obrigada por amar tanto a minha filha, amparando-a em momentos difíceis.

Naquele instante, d. Marta se lembrou de Gisele e imediatamente de tudo o que a filha enfrentara.

— Quero ver minha filha, irmã Joana. Posso?

— Perfeitamente, irmã querida! Vamos até o pavilhão da recuperação, ela ainda está em tratamento.

Ao chegarem ao quarto, Gisele sentiu a vibração da genitora terrena e abriu os olhos. Ao ver a mãe, imediatamente se levantou, recobrando a consciência, e postou-se de joelhos diante dela.

— Mãezinha querida, perdoa-me por tudo! Eu falhei. Não consegui cumprir o projeto de vida em nossa abençoada Terra. Dê-me a oportunidade de me redimir...

— Calma, minha filha! Não pense assim. Sua culpa não foi tão grande como pensa. Qualquer um poderia ter falhado. Veja bem, quando você se iniciou no mundo do vício, foi movida pelo amor que sentia pelo seu antigo namorado. Você apenas correspondeu ao que ele esperava de você, tornando-a uma viciada como ele. A partir daí, não teve mais escolhas, pois já estava dominada, já era uma dependente. Não veja a dependência apenas como uma fraqueza, porém como uma doença. Você procurou se tratar, mas a droga foi mais forte. Você lutou o quanto pôde para se libertar e sofreu muito por não conseguir. Minha querida, sua encarnação não foi em vão. Por meio do seu sofrimento, você ajudou na evolução de muitos Espíritos. Não só dos amigos que fazem parte desse nosso projeto, mas de outros com os quais você teve contato durante a sua passagem pela Terra.

Gisele chorava ao ouvir as palavras da mãe e as lágrimas como que iam lavando os miasmas causados pela culpa. Aos poucos, a filha de d. Marta foi se recuperando, mas a exemplo de sua vida encarnada, vez por outra tinha recaídas e precisava de novos tratamentos.

O grupo estava ansioso para trabalhar nos estudos, visando nova passagem pela Terra, onde cada um pensava em reparar o que julgava não ter sido satisfatório na última experiência.

Passaram-se os tempos e todos gozavam do aconchego da colônia, quando irmã Joana os convocou para se reunirem no pavilhão da reencarnação para planejarem o retorno à carne, quando se juntariam aos que permaneceram encarnados, principalmente João Pedro, Denise, Estevão, Carolina e Tiago.

Irmã Joana fez uma prece agradecendo a Jesus pelas encarnações de cada um, pedindo bênçãos e luz para programarem suas novas conquistas no plano terreno:

— Mestre amado, agradecemos a chance de participar do processo evolutivo, de acordo com o Plano Maior, e pedimos que continue nos iluminando em nossas novas oportunidades de progresso. Que assim seja!

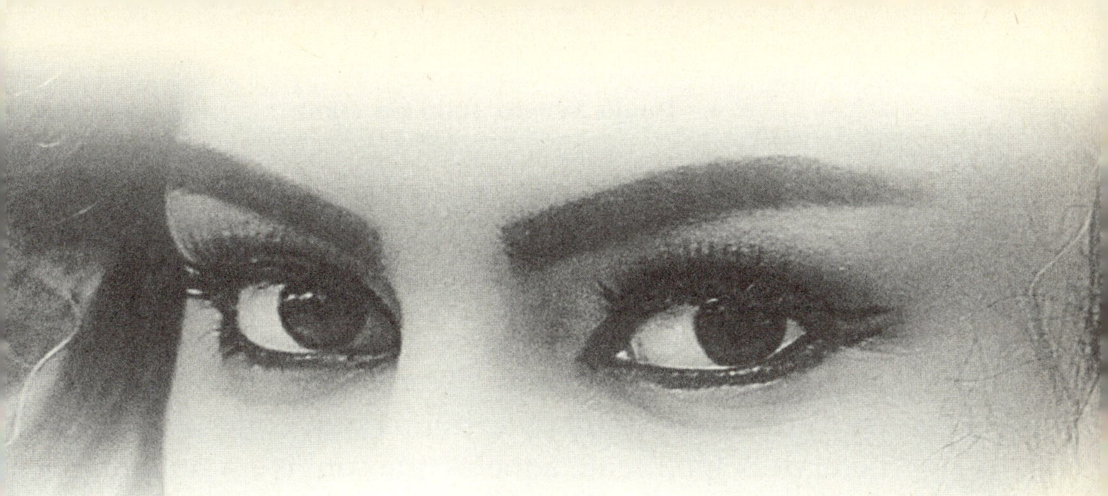

Epílogo

Termina assim a missão do grupo ligado por laços espirituais sob a supervisão de irmã Joana, ajudando-se e auxiliando outros irmãos do plano material. Gisele, ao se deixar seduzir por sentimentos menores que tendem a se perpetuar, encontra amparo neste grupo de Espíritos, principalmente de Robson, Sandro, Junior e d. Marta, seus amores da eternidade, para, por meio de missões do porvir, reparar os débitos contraídos em consequência do envolvimento com as drogas.

"A dor abre sulcos no coração que abrigam sementes de amor, que mais tarde florescerão".[3]

Clara, como todos os Espíritos mentores desta obra, empenhou-se em nos trazer esta história que mostra principalmente os abismos do mundo dos vícios e também sente a realização do dever cumprido.

Assim, nossa mentora deu mais um passo em direção à nobre missão de semear a Doutrina do Amor, de acordo com a sublime mensagem que ela mesma nos trouxe:

[3] *Mensagem da mentora Clara, em dezembro de 2012*

"O semeador que não lança a sua semente carrega para o plano espiritual um fardo pesado, até que surjam novas oportunidades de semeadura".

Certamente no plano espiritual se comemora mais um passo no sentido de orientar os encarnados da Terra aos caminhos estreitos que conduzem ao bem, principalmente aqueles que convivem no mundo do vício e do crime.

"Senhor Jesus!

Nós queremos te pedir, Mestre, por todos os que padecem na dor do vício, os que a morte arrasta todos os dias à fria sepultura, e por suicidas inconscientes que mergulharam nas trevas amargurantes da vida além-túmulo. Senhor Jesus, nós intercedemos por essas mães sofridas que padecem dores imensas pelos filhos assassinados pelas drogas. Senhor Jesus, cura os corações algemados ao vício, que todos os dias mergulham a alma no abismo do sofrimento, sem saber o que fazem. Piedade a todos esses irmãos em nome de vossa mãe santíssima. Assim seja!"[4]

Que Jesus esteja com cada um dos leitores desta obra, abençoando e iluminando seus caminhos. Que assim seja!

Fim

[4] *Psicografia recebida na Sebem, em 16/03/2010, por um Espírito amigo da Casa.*

Campanha de Preservação da Vida
EDITORA ALIANÇA
Tema: PREVENÇÃO AO SUICÍDIO

Visite nosso site

www.editoraalianca.com.br